ISBN-13: 9798859420629
ISBN-10: 1477123456

Cover design by: Art Painter
Library of Congress Control Number: 2018675309
Printed in the United States of America

Líderes del Mundo

Y

LA NUEVA

ECONOMÍA MUNDIAL

CONTENIDO:

CONTENTS

ALGO GRANDE ESTÁ SUCEDIENDO

Usted, yo, y todos los pobladores de la Tierra aspiramos, de forma natural, a un estilo de vida que nos proporcione la mayor satisfacción posible y estamos dispuestos a esforzarnos con todas nuestras capacidades para lograrlo.

Sin embargo, en estos momentos, estamos conscientes del gran choque decisivo entre la naturaleza del planeta y nuestra forma actual de organización mundial. Podemos ver cómo la inflación de los precios en todas las sociedades del mundo está destruyendo la posibilidad de tener un buen estilo de vida, como lo deseamos. Ya no son sustentables los recursos naturales con la forma en que estamos organizados los humanos.

Por lo tanto, nos encontramos ante el reto de dar el gran salto evolutivo hacia un nuevo sistema socio-económico con alcance global que nos permita la distribución y aprovechamiento de los recursos totales del planeta para lograr nuestra plenitud como individuos.

Una parte clave de nuestra organización humana actual es el sistema financiero. Éste nos proporciona el dinero con el cual accedemos a las cosas que conforman nuestro estilo de vida, pero con grandes deficiencias a nivel global. Hasta ahora, su poder ha estado restringido a suministrar dinero a las sociedades. Pero es el momento en que el sistema financiero debe hacer un gran cambio para convertirse en el medio para manejar los recursos totales del planeta, más allá de solamente el dinero. El sistema financiero es la clave para hacer posible la transición hacia un nuevo sistema económico sustentable que nos permita alcanzar el estilo de vida que cada uno quiere. Los Líderes del Mundo están en la posición necesaria para realizar la gran transición al siguiente sistema económico sustentable para la humanidad en el planeta Tierra.

2030

El Gran Paso a Una Nueva Economía

y

al Estilo de Vida Global de la Humanidad

8vo Objetivo Estratégico de las Naciones Unidas

2015 - 2030

Las cosas económicas no iban bien desde el siglo pasado. En los primeros años del siglo veintiuno, actual, se empezaron a complicar más. El cambio climático ha empezado a ser una amenaza a la forma de vida de los humanos y ha empezado a vislumbrarse una peligrosa reducción en los recursos disponibles en el planeta para continuar mucho más tiempo en el mismo camino. Por eso, en el año 2015, todos los países miembros de las Naciones Unidas adoptaron 17 objetivos de sostenibilidad a lograr para el año 2030. Con esto se fijó la dirección para enfrentar el insostenible agotamiento de los recursos y la inviabilidad de la organización mundial actual. Inicialmente, parecía que se disponía de un tiempo razonable para lograr los objetivos, mismos que incluyen: erradicar a la pobreza, lograr hambre cero, tener salud y bienestar, reducir las desigualdades y crear ciudades / comunidades sostenibles. Sin embargo, 8 años después, en el año 2023, empieza a verse que los objetivos no se van a lograr sin un cambio fundamental. Ha habido esfuerzos significativos que han generado avances en varios de los objetivos, específicamente en lo que se refiere a la generación de energía renovable, la disminución de la contaminación de motores de combustión, y los avances en los procesos de las industrias para hacerlos más circulares y generar menos desperdicios. Hasta se está empezando a diseñar formas nuevas de vida social en ciudades, como en la ciudad lineal de Arabia Saudí y las ciudades de 15 minutos en Europa. Pero los esfuerzos no se han llevado a cabo con integridad en todo el planeta.

Existe una disparidad en el acceso a los recursos del planeta que impide una distribución sostenible equitativa que permita lograr los objetivos de las Naciones Unidas, por ejemplo, el caso de lograr hambre cero. Esta disparidad tiene dos causas fundamentales. La primera es la dispersión geográfica de los recursos que hacen naturalmente difícil que los humanos de todas las regiones puedan tener acceso a ellos según sus necesidades. La segunda es de origen humano y es la estructura de poder social que impide el libre flujo de los recursos a todos los grupos humanos que habitan la Tierra. Esta segunda causa, humana, es la que las Naciones Unidas está tratando de resolver a través de los 17 objetivos definidos. (Portada - Desarrollo Sostenible (un.org)).

Uno de los objetivos, el octavo, se ha definido como: "Trabajo decente y crecimiento económico". Relacionado con este objetivo, el Secretario General de las Naciones Unidas, Antonio Guterres, ha remarcado que la Pandemia del Covid-19 afectó en mucho a la economía mundial, y que ahora después de la pandemia tenemos una gran oportunidad para lograr una economía diferente, en lugar de regresar a las cosas como eran antes, con todos sus problemas. Nos dice que la recuperación postpandemia debe llevarnos a una economía diferente. ("La recuperación de la crisis de la COVID-19 deberá conducirnos a una economía diferente." | Naciones Unidas)

Los dos propósitos de este libro son, primero, que podamos entender cómo está funcionando la economía de hoy y saber por qué se tiene que cambiar; y, segundo, llegar a visualizar lo que puede ser una economía diferente, con el salto mental que vamos a requerir para preparar el reinicio de la humanidad hacia una nueva estructura social y económica, una que permita la superación continua de la humanidad. Es un cambio de gran dimensión, como cuando se inició el uso de la electricidad en el mundo, transformando los procesos industriales y el estilo de vida de millones de personas: hoy en día es imposible imaginarnos la vida sin nuestras comodidades eléctricas. Aun así, la nueva economía va a ser todavía más grande en su efecto sobre la vida del planeta.

La primera parte del libro nos llevará por el camino hacia la puerta que nos separa de la sostenibilidad, entendiendo la situación actual. Abriremos la puerta en la segunda parte para pasar a lo que debemos hacer para asegurar la sostenibilidad de la humanidad. En la tercera parte describiremos lo que será una nueva sociedad con capacidad de organizarse y operar económicamente con sostenibilidad y desarrollo de cada individuo como nunca antes.

Comencemos el camino …

PRIMERA PARTE

No Sostenible:
Llegando a la Puerta

Hay un sentimiento de inquietud en todo el planeta. El mundo como lo conocemos está cambiando rápidamente, pero el rumbo no es claro.

Hay protestas en todas partes contra las decisiones políticas y económicas que amenazan la sobrevivencia en todos los continentes. Puntos de pánico empiezan a ser evidentes en diferentes regiones donde el agua empieza a escasear, o la tierra ha sido devastada más allá del punto de recuperación. El sistema social que actualmente estamos utilizando para organizar las actividades humanas se está derrumbando sobre sí mismo, contribuyendo a grandes movimientos de migración insostenibles. Esto hace muy claro que no podemos continuar de esta manera porque simplemente no es sostenible para la vida humana. Si no cambiamos a algo mejor ahora, pronto podríamos estar viendo la destrucción masiva de la vida humana en todo el mundo, debido a que nuestra organización social actual se basa en la lucha por asegurar las posiciones y estructuras que favorecen sólo a una parte de la humanidad provocando confrontaciones bélicas destructivas entre los poderes que quieren predominar.

Uno de los factores que más contribuye al quebranto social es un elemento mayormente ignorado y sutil: el dinero, y la forma de utilizarlo en las economías de hoy. Por eso están empezando a verse iniciativas que podrían evolucionar hacia una solución viable para el sostenimiento económico, como es el caso de los CBDC (por sus siglas en inglés, Central Bank Digital Currency), o dinero digital de los bancos centrales, que ya se está empezando a utilizar en varios países del mundo de modo experimental. Pero aún se necesita un enfoque nuevo para llegar a su potencial sostenible, como se ha visto con el desastroso resultado de la emisión de CBDC's en Nigeria.

¿ES SOSTENIBLE LA FORMA DE UTILIZAR EL DINERO?

Los humanos que vivimos en el sistema actual queremos dinero, más dinero y todavía más dinero. Y es justificable porque todos, bueno, no todos, pero la mayoría de los bienes y servicios que están disponibles para darnos satisfacciones, se pueden obtener con dinero. Nuestra satisfacción con la vida puede verse inmensamente aumentada en cuanto más dinero tengamos. Por eso, la mayor parte de las personas activas económicamente en el mundo trabajan asiduamente para obtener ese dinero, sin cuestionamiento y sin saber que, a través de la historia, el dinero está lleno de fracasos. Estamos llegando a otro momento de fracaso, pero con consecuencias a nivel global que pueden causar la destrucción de nuestra posibilidad de obtener aquellas cosas que tantas satisfacciones nos pueden dar.

Al ser el dinero una parte tan integrada con nuestra forma de vida, y más aún, con nuestra sobrevivencia (totalmente amenazada cuando no tenemos dinero), es fácil olvidar que durante miles de años la expansión de la población humana se ha hecho en este planeta Tierra - sin dinero. Se gozaba de recursos infinitos (en proporción al número pequeño de humanos en el planeta) y una persona podría ser feliz si tuviera alimento, vestimenta y un lugar seguro para estar. Pero la explosión de la vida humana en los últimos doscientos años ha llegado a un umbral crítico en el que la proporción de humanos en relación a los recursos de la Tierra se encuentra ante un reto complejo de sobrevivencia. El problema ha cambiado de uno en que las poblaciones podían tener, o no, los recursos necesarios para vivir felizmente, a uno en que las poblaciones tengan el dinero para pagar los recursos necesarios o no lo tengan. Pero no sólo es la cantidad de dinero que pueda tener una población, sino el tipo de dinero: algunas personas pueden tener millones de bolívares venezolanos, pero apenas pueden comprar lo mismo que otras personas con cientos de dólares, libras esterlinas, o renminbis chinos. El no tener dinero limita fuertemente la posibilidad de obtener una alimentación básica. Se estima que más de 800 millones de personas en el mundo pasan hambre (Las cifras del hambre en el mundo – UNICEF). Paradójicamente, a pesar del factor limitante del dinero, varios estudios importantes del Banco Mundial, la Organización Agrícola y de Alimento (FAO, por sus siglas en inglés – "Food and Agricultural Organization"), del Fondo Internacional para el Desarrollo Agrícola (IFAD, por sus siglas en inglés - "International Fund for Agricultural Development"), y el Programa Mundial de Alimento (WFP, por sus siglas en inglés, "World Food Programme"), han concluido que los recursos aún son suficientes para alimentar a los miles de millones de humanos actualmente. El cuello de botella es la distribución y acceso a estos recursos, mayormente restringidos por tener o no dinero (del tipo correcto). Esto se ve dolorosamente reflejado en la acelerada polarización mundial entre los que tienen y los que no tienen acceso a los recursos.

En el proceso evolutivo de las economías de las diferentes sociedades, hubo un punto en que el dinero surgió como un concepto para intercambiar bienes entre los grupos sociales. Anteriormente se intercambiaban los bienes directamente: ovejas por gallinas, gallinas por telas y artefactos de utilidad como ollas o zapatos. Pero llegó un momento en que se hizo un salto conceptual y se empezó a usar un bien como medida de valor para intercambiar otros bienes, por ejemplo, unas conchas de mar que tenían la característica de ser durables, abundantes y podían juntarse en cantidades diferentes para dar valor a diferentes bienes: 5 conchas por una gallina, 10 conchas por un abrigo, 20 conchas por un arma. La evidencia de que el dinero empezó a ser un medio para obtener poder sobre otros, apunta a alrededor de hace 6 mil años. Aparte de garantizar el intercambio pacífico de bienes entre diferentes individuos y grupos, se volvió útil para pagar a los soldados y a personas ingeniosas para crear armas que proporcionaban una ventaja no pacífica sobre otros grupos. También era bueno para proveer una vida privilegiada a aquellos en el poder. La compra de esclavos, que se originó con el dominio militar, fue la norma para tener una vida placentera a costas de la libertad de otros. Este método de gobernar una sociedad a través de la fuerza y el poder no ha cambiado sustancialmente desde tiempos antiguos. La acumulación de poder a través de la conquista de otras sociedades o grupos humanos, ha sido el motor del tránsito de aldeas a villas, ciudades, países, regiones y ahora a alianzas mundiales. Dentro de los avances colaterales más importantes, está que los esclavos (ahora llamados empleados) tienen más protecciones en cuanto a tiempo laboral, salud y vejez. Además, pueden escoger libremente qué tipo de esclavitud quieren: pueden ser cocineros, técnicos en aviación, jardineros, abogados, profesores, ayudantes de farmacia, etc. También pueden decidir no ser esclavos y probar su suerte como empresarios o políticos y, si fallan, regresar a las filas de esclavos. En este momento, la presión económica les orilla a tener que tomar decisiones en contra de su libertad natural, teniendo que escoger oficios o actividades que les remuneran más, aunque no les proporcionen el desarrollo personal que escogerían si no hubiera la presión económica. (Naturalmente, hay personas afortunadas que son felices con el trabajo que hacen y no les importa tanto el dinero que puedan obtener comparado con su satisfacción y desarrollo personal que obtienen en el trabajo que hayan escogido).

La presión del dinero para aventajar a otros grupos de humanos, en términos globales, está llegando a su punto de saturación con la inminente concentración de los principales gobiernos del mundo en un sólo gobierno planetario. Podría parecer que estamos al final de la competencia para obtener una mejor forma de vida de un sector de la población humana a base de la fuerza y la sumisión de otros sectores. Se está haciendo muy evidente que cada uno de nosotros, y el liderazgo mundial, nos tenemos que enfocar al desarrollo y bienestar de todos, en lugar de dominar unos a otros, ya sea a través de la fuerza militar o a través de la manipulación del dinero. Necesitamos acordar la mejor forma de distribuir los recursos del planeta, ya no como regiones, sino considerando el conjunto completo de recursos que están disponibles en la Tierra.

Así que, en este momento de reto para nuestra evolución, si queremos hacer un hogar terrenal adecuadamente sostenible para nosotros y las generaciones que vienen, debemos progresar hacia la siguiente etapa de la humanidad, una con mayor madurez, para lograr una creciente felicidad para todos, con las salvaguardas necesarias que limiten las acciones que sean dañinas para el bienestar global. Esto comienza haciéndonos más conscientes de nuestra interrelación con el resto del planeta, cambiando lo que no es sostenible.

Podríamos sorprendernos al encontrar que una parte, extremadamente tóxica, y que hace que todas las demás mejoras en sustentabilidad tengan que fallar ultimadamente, se ha tomado como algo inexpugnable: nuestra forma de vida basada en el dinero.

Si vemos la evolución del dinero, podemos observar que han existido diferentes tipos de dinero, pero todos han sido insostenibles más allá de algún tiempo, más largo o corto. Conchas del mar, plumas de pájaros, semillas de cocoa, todas estas formas han tenido su momento en la historia, y luego han sido superadas por otras más prácticas, como las barras y monedas de metal, y hasta papel impreso. Tenemos ejemplos más recientes, cuando el Euro sustituyó en 2002 el uso de monedas insostenibles: el Franco de Francia, el Marco de Alemania, la Lira de Italia y las monedas de los 12 países que formaban la Unión Europea en esos tiempos. Aún más, ahora se están haciendo investigaciones y pruebas para ver si las criptomonedas pueden sustituir todas las formas de papel y monedas. La pregunta es, ¿puede esto tener una oportunidad de ser sostenible?

La historia nos dice que no, mientras se siga manejando el dinero como se hace actualmente. En este momento necesitamos pensar "fuera de la caja" para encontrar la solución que pueda perdurar.

Primero tenemos que ver cómo es la caja actual y luego salir de ella.

EL CONCEPTO DEL DINERO

Así pues, veamos más de cerca la naturaleza del dinero y cómo se maneja en las actividades humanas, para encontrar la manera de asegurar que el dinero sea sostenible. El peligro de no hacer esto, es el daño y la destrucción generalizada, como veremos más adelante. Puede ser apropiado en este momento hacer un comentario sobre el uso del dinero con respecto a la gobernanza global. No es ni Capitalista ni Socialista: la forma de manejar el dinero destruye a los dos sistemas igualmente. No importa qué partido político está gobernando, ni cuán carismáticos puedan ser los líderes de las naciones, ni las buenas intenciones y promesas para mejorar la vida social, mientras el sistema monetario no se reestructure, el mundo de los humanos estará acelerándose en el camino de la insostenibilidad y su desaparición del planeta.

Empecemos por entender el concepto del dinero, que parecería engañosamente sencillo, pero el cual es más complejo de lo que se pudiera pensar inicialmente. Los estudiantes que están aprendiendo a ser especialistas en finanzas pueden atestiguar al respecto. Pero veamos la definición básica, que es simplemente cualquier cosa que facilite el intercambio de bienes y servicios. "Cualquier cosa" en el curso de la historia humana ha significado ovejas, camellos, conchas de mar, pieles, monedas, papel impreso, y ahora divisas digitales. Este concepto sencillo del dinero se ejemplifica fácilmente al intercambiar vacas por computadoras, **sin** dinero. El problema es determinar cuántas vacas valen una computadora (o vice versa). ¿Una vaca valdrá 8 computadoras? ó 10? Con dinero, se puede establecer sencillamente que la vaca vale 1000 dineros. Así no se tiene que dar ninguna computadora, solo 1000 conchas de mar, 1000 plumas de pájaro o un pedazo de papel que dice que vale 1000 dineros (o dólares, libras, pesos, renminbi, euros, dinares o rublos – estaremos utilizando el término "dineros" para no confundirse con ninguna divisa particular de algún país). Es mucho más fácil doblar un pedazo de papel y meterlo a la bolsa que dirigir a la vaca o cargar con la cantidad de computadoras que se acordaron en el intercambio. Además, si solo se necesitaba una computadora, no se quisiera estar atorado con 9 computadoras adicionales, las que habría que intercambiar por otras cosas necesarias. Recibiendo un pedazo de papel con valor total de 1000 dineros, se puede cambiar por otros papeles de menor denominación para comprar otros artículos de menor costo. Esto hace que se puedan obtener y vender artículos con mayor facilidad. Si esto fuera la única característica del dinero, podría ser sostenible. Pero tiene otras cualidades.

Una de estas cualidades, fácilmente mal interpretada, se ha argumentado como una virtud: el dinero mantiene su valor. Los 1000 dineros en papel se mantienen ahora y en el futuro: el número impreso se mantiene sin cambio. Sin embargo, el valor real es lo que se puede intercambiar por el papel impreso, y es enteramente cambiable. Esto es evidente cuando se reconoce que el dinero sólo tiene algún valor si existe algo con lo que se puede intercambiar. Si existe la situación en que **sólo** existe una barra de pan y un papel de 10 dineros, se puede intercambiar el **valioso** pan por el papel. Pero una vez consumido el pan, todavía existe el papel, pero nada que pueda comprar. El papel ha perdido todo su valor de intercambio. El valor cambiante del papel es muy sutil y puede ser difícil de cuantificar. Por ejemplo, hoy un papel impreso de 10 puede comprar 10 zanahorias. Pero una semana después puede comprar 15 zanahorias y un mes después sólo 8. También, en el mismo día, el papel puede comprar 5 zanahorias en la tienda de la esquina, pero una cuadra más adelante, en el supermercado, puede comprar 7 zanahorias y en el restaurante de enfrente sólo podrá adquirir una zanahoria. El valor real del papel impreso cambia con las circunstancias. Así que no es verdad que el papel pueda almacenar valor. En realidad, no tiene valor hasta que haya algo por el cual se pueda intercambiar – lo que le da valor son los productos y servicios reales disponibles y las estrategias de negociación de las personas involucradas en el intercambio. Algunos lugares están diseñados para no ser negociables – el supermercado, los restaurantes y otros servicios de precios fijos (aunque hay raras excepciones en estos establecimientos, cuando algún cliente es extraordinariamente sagaz para negociar). En los casos de intercambios persona a persona, empresa a empresa, o país a país, hay más espacio para negociar. La deuda nacional se puede negociar. Los costos de materiales para una empresa son usualmente negociados. Las compras entre particulares de automóviles, casas y otros bienes son comúnmente negociados. Así que el valor del dinero depende completamente de las habilidades de los negociadores.

Otra cualidad del dinero es su universalidad. Se puede aplicar a cualquier cosa: naranjas, libros, ideas, máquinas. Todo se puede valorar en términos de dinero y todo esfuerzo se está realizando para monetizar todo lo que existe naturalmente en el planeta Tierra, bosques, plantas comestibles, ganado, aire para respirar, agua para tomar, materiales para construir; y todo lo que producen los humanos: productos y servicios que transforman o utilizan a la naturaleza. Pero esto es una contaminación universal sutil y oculta: la diferencia en valoración de las cosas, requiriendo diferentes cantidades de dinero para los bienes y servicios, da por resultado una distribución desigual de los recursos, polarizando las sociedades humanas entre ricos y pobres, limitando la libertad y el desarrollo de grandes porciones de humanos, como lo veremos a mayor detalle a medida que vayamos descubriendo la forma de usar el dinero.

TIPOS DE DINERO

Antes de que las monedas y el papel impreso se convirtieran en la forma estándar del dinero, las cosas que se usaban para realizar intercambios tenían un valor por sí mismos. Se podían comer (semillas de cacao, ovejas) o podían servir para otros usos: camellos para transportar, conchas de mar y plumas de pájaros para decorar, monedas para fundirse y hacer herramientas o armas. Estos tipos de dinero se llaman dinero mercancía o "real" porque tienen un valor intrínseco propio, aparte del de intercambio. Pero el dinero de papel y dinero digital no tienen prácticamente ningún otro uso. Este tipo de dinero se denomina "fiduciario" y quiere decir que tiene la confianza de las personas de una sociedad para servir de pago para sus transacciones, aunque no tiene un valor por sí mismo. Una derivación del dinero fiduciario es el dinero de cuenta que no son billetes ni monedas sino sólo existe en cuentas de contabilidad, y no importa que no represente bienes tangibles. La forma más pura de este tipo de dinero es la contabilidad que guardan los bancos en el sistema financiero. Estas cuentas, personales o institucionales, viven en un mundo propio, separado del mundo natural. Las cosechas se pueden perder, el ganado se puede morir, las personas dueñas de las cuentas pueden enfermar y dejar de ser productivas, las empresas pueden quebrar, y aún así las cuentas continúan produciendo dinero a través de las tasas de interés. El dinero de cuenta se acopla perfectamente con el desarrollo de dinero digital. Esto sucede cuando se paga con una tarjeta de crédito que tiene 5,000 en su cuenta digital, y simplemente se deduce el monto de la compra, sin intercambio de billetes ni monedas, y automáticamente añade el interés sobre el préstamo, dependiendo del tiempo en el que se tiene que repagar. Como sólo son matemáticas, la contabilidad se puede ir al infinito. Un ejemplo se encuentra en Venezuela, donde el costo de comprar un litro de leche se fue en menos de un año, de aproximadamente 3,300 bolívares en noviembre de 2017, a aproximadamente 447,000 bolívares en agosto de 2018. El costo de imprimir y distribuir cada vez más denominaciones de dinero todos los días, se vuelve impráctico y demasiado costoso. Del otro lado, el dinero digital en tarjetas se puede incrementar infinitamente, a muy bajo costo, porque sólo es una cuenta en una tarjeta. El problema es que las personas no reciben incrementos proporcionales en sus ingresos para que puedan cubrir la inflación monetaria de los productos y servicios que conforman su estilo de vida, lo que los va llevando a la pobreza, a pesar de la elegancia matemática. Por lo mismo, este tipo de dinero no es sostenible.

El dinero fiduciario y su derivación a dinero de cuenta deberán seguir necesariamente a los otros tipos de dinero al olvido. Esto se debe a que, aparte de la separación matemática de la realidad y el efecto inflacionario de sus tasas de interés, existe un factor humano: la diversidad moral en las sociedades. Desafortunadamente, los humanos no piensan todos igual ni sienten las cosas con el mismo sentido de rectitud. No importa cuán estrictas sean las reglas y las penas por la deshonestidad y el abuso, siempre hay aquellos que, por necesidad o codicia, juegan con la confianza de las demás personas y llevan a cabo actividades fraudulentas como la falsificación de dinero, el hackeo de cuentas, establecimiento de empresas fantasmas para no pagar impuestos, creación de esquemas piramidales, comisiones ocultas sobre contratos, etc., lo que hace insostenible al sistema monetario.

Esta actividad evidentemente delincuencial, sorpresivamente se ve inmensamente rebasada por una actividad maliciosa más extendida y oculta, en la que participa toda la sociedad, mayormente sin conciencia de ello, y que produce el mayor daño a la economía del mundo. La conocemos con la palabra "inflación".

INFLACIÓN MONETARIA

Hemos aprendido a vivir con la inflación monetaria y aceptamos que, con el paso del tiempo, los productos y servicios requerirán denominaciones mayores de dinero. Pero como lo expresó dramáticamente el expresidente de los Estados Unidos, Ronald Reagan, "La inflación es tan violenta como un atracante, tan aterrante como un asaltante armado y tan mortal como un asesino a sueldo". Algo sabía, más allá de sus inclinaciones políticas.

Para empezar a desenmascarar el efecto de la inflación, comencemos con un ejemplo sencillo. Si al principio de la semana podíamos intercambiar dos dineros por un helado, y al final de la semana necesitamos tres dineros para comprar el mismo helado, entonces ha habido inflación. La promesa de que el dinero guarda valor constante en el tiempo se ve rota. Si pensabas que podías seguir obteniendo tu helado con los dos dineros que tenías, ahora ya no. La pregunta es, ¿porqué sucede esto? ¿No puede siempre obtenerse el helado con los dos dineros? La respuesta es un rotundo "no", mientras manejemos al dinero como lo estamos haciendo en la actualidad, a través de un sistema financiero desconectado de la realidad tangible de los recursos del planeta. Esto se ve en una peculiar situación, que se considera totalmente normal, cuando se puede comprar el dinero de una población con el dinero de otra región o país. Al darle un precio al dinero de otra sociedad, se vuelve una mercancía (como el helado), pero sin ser tangible, y se le puede dar un valor mayor o menor a un dinero que a otro, inflando uno sobre el otro, como si se estuviera intercambiando algo útil por algo más útil. (En la realidad básica, esencial, ambos dineros son inútiles, pero la fantasía termina afectando a poblaciones enteras.) Hay quienes podrían argumentar que un tipo de dinero es más valioso que otro porque en la región en que circula se producen bienes y servicios con mayor calidad o son más ingeniosos en hacer la vida humana más confortable (tecnología para mejores máquinas). ¿Por qué otras personas que no tienen el talento para desarrollar máquinas pueden tener acceso a ellas? Deberían de pagar más (devaluar su moneda), crear sus propias máquinas o mantenerse en una condición más pobre, y tan peor para ellos. Esta forma de pensar al final de cuentas lleva a la autodestrucción, porque los pobres, con la moneda menos valorada, eventualmente no podrán comprar los productos de mayor calidad que se produzcan. Esto limita la expansión necesaria del mercado para esos productos, porque el sistema de crédito monetario requiere de expansión a otros mercados para sobrevivir y los pobres no pueden participar porque simplemente no tienen garantías para pagar sus préstamos. (Veremos en detalle este sistema en la sección de cómo el dinero se vuelve insostenible). Así que el sistema se seca e implosiona.

Moviéndonos a una definición más técnica de la inflación, aceptada por economistas y financieros, se define como un incremento sostenido en el nivel de precios de bienes y servicios en una economía durante un periodo de tiempo. Como esta definición pone a la inflación en el contexto amplio, general, de una economía, las inflaciones de sectores individuales de la economía son ignoradas al reportar a la población en general. Sin embargo, pueden ser muy dañinas, erosionando lentamente y finalmente destruyendo vidas. Esto se ve especialmente claro en el caso de las personas que dependen de su salario o sueldo para comprar las cosas que necesitan o desean.

Supongamos que el estilo de vida de Tomás incluye comprar comida por 400 dineros, pagar una renta de 500 dineros y costos de transportación de 300. Veamos qué sucede después de un año si ha habido una inflación de 100 dineros en transporte y ahora debe gastar 400, pero su salario solo se incrementa por 50. Esto le deja corto por 50 dineros. Si no puede cambiar su uso de transporte tendrá que ajustar su gasto en comida o renta. La consecuencia es que su estilo de vida empieza a cambiar hacia lo peor. Si hay una crisis extendida y todo cuesta más, pero su salario permanece igual, tendrá que ajustar todo en su estilo de vida, tendiendo hacia la mera sobrevivencia. Tiene que "apretarse el cinturón", lo que es un eufemismo por decir padecer hambre y encogérsele el estómago. Si encima de esto pierde su trabajo, queda en una situación crítica, con su sobrevivencia en riesgo, dramáticamente dirigido a la muerte. Según las Naciones Unidas, en el mundo actual se estima que hay más de 800 millones de personas en situación precaria de sobrevivencia diaria, esto es el 10% de la población total, o el equivalente a toda la población de América Latina o a toda la población de Europa. Aumenta hasta los 828 millones el número de personas que sufren hambre | Noticias ONU (un.org)

Viendo como la inflación puede ser tan maligno para una gran parte de los seres humanos, uno de los propósitos declarados por los bancos centrales globales del mundo es el de moderar la inflación controlando la tasa de interés sobre los préstamos monetarios. Sin embargo, moderar la inflación no es erradicarla. De hecho, si se ve la historia de la inflación en el mundo (https://www.bankofengland.co.uk/knowledgebank/how-have-prices-changed-over-time), es imposible decir que se ha controlado. La misma política usada por los bancos centrales del mundo para controlar los incrementos de los precios, aumentando las tasas de interés, es contra productivo y en realidad estimula la inflación, como lo veremos más adelante. Así, sin obstáculos, la inflación continúa ejerciendo sus efectos sobre la población en general, inevitablemente llegando a la misma conclusión mortal. (Ahora sabemos por qué se justifica el comentario del expresidente de los Estados Unidos, Ronald Reagan). Esto hace que el sistema monetario actual no sea sostenible.

GANANCIA MONETARIA

Pero la inflación es solo otro nombre de un concepto más santificado y venerado que puede causar una devastación generalizada: la diferencia de precios conocida como ganancia monetaria o "utilidad". Me gustaría ser menos extremo, pero los efectos negativos son verdaderamente máximos para la sobrevivencia individual a corto plazo y para la sociedad en general a largo plazo. La raíz de este drama es que el dinero toma una vida propia. Logra hacer lo que únicamente podían hacer los seres vivos: reproducirse. El dinero, sin embargo, puede reproducirse a un ritmo acelerado superior al de los seres naturales. Los organismos vivos no se pueden expandir reproduciéndose sin límites. Como todos los seres vivos dependen unos de otros, existe un balance natural en el cual un tipo de organismo no se puede expandir más allá de la capacidad de los otros de los que depende. Pero en el caso de la ganancia monetaria sólo se requiere un poco de matemática para construir unas sencillas fórmulas, o algoritmos más complejos, que una vez puestos en marcha, hacen que el dinero crezca sin límite, como en la hiperinflación en la que se encuentra Venezuela actualmente y que otros países han sufrido a través de los años (Hungría 1945-46, Zimbabue 2007-2008, Yugoslavia 1992-94). La inflación actualmente está en crecimiento en otros muchos países del mundo, que, sin ser híper, va desgastando sus economías. Pero veamos cómo está estructurado el sistema de modo que se permite que esto suceda y que ha convertido a la ganancia monetaria en un falso dios tan santificado que la mayoría de la población mundial reacciona instintivamente a proteger el concepto y convertirlo en el propósito final para los humanos, substituyendo el logro de la felicidad por el logro de dinero. Y todo comienza con los emisores de dinero: los bancos, el sistema financiero y específicamente los bancos centrales.

Sólo una nota importante al lado: la mayoría de las personas creen que los emisores de dinero, los bancos centrales de los países, son instituciones gubernamentales. La sorpresa es que muchos bancos centrales son empresas privadas constituidas por individuos que discuten y acuerdan con los gobiernos para tener una mano libre en la forma en que se distribuye el dinero y con qué ganancia. Desde luego, no importa que se llamen bancos centrales, ni que sean privados o gubernamentales: mientras la forma de manejar el dinero no cambie, no se resolverán todos los problemas de inflación, corrupción monetaria, sacrificio de estilos de vida por dinero y todos los demás males causados por el uso de dinero actualmente. Para los emisores de dinero, quienes quiera que sean - ni cómo se les llame, la inflación es su equivalente a ganancia monetaria, y es similar a la tasa de interés, que es otra forma de llamarle a la ganancia monetaria de los bancos. Esta forma de manejar al dinero nunca erradicará a la inflación porque es inherente a la operación de producir y distribuir dinero con ganancia monetaria, como veremos ahora.

(Estimado Lector, este es un buen momento para tomar un descanso, caminar un poco, tomar alguna bebida refrescante, para volver a enfocar la siguiente parte)

EL DINERO SE VUELVE INSOSTENIBLE

En la mayoría de los países, durante los años de 1900 – 2000 (bastante reciente en términos de evolución humana) se crearon leyes que sólo permiten que una entidad pueda ser la productora de dinero: el banco central y sus sucursales (o mejor sería llamarles un tipo de franquicias) – los bancos comerciales. Está prohibido que alguien más emita dinero. Así pues, todo el dinero legal comienza su recorrido en el banco central. En lugar de "banco central" podríamos referirnos al "sistema emisor de dinero", pero para simplificar, mantendremos la nomenclatura de "banco central". Hay dos caminos al principio: uno hacia el gobierno y el otro hacia los empresarios o sector privado. Hay tres posibilidades para que opere el banco central: 1) puede prestar sólo al gobierno, 2) sólo al sector privado, o 3) a ambos.

Si el banco central solo emite dinero al sector privado, y el gobierno limita sus gastos a los impuestos y otros aranceles que le cobra al sector privado, entonces hay la posibilidad de tener una economía en crecimiento con la formación de nuevas empresas. Esto se puede observar en la siguiente figura:

El banco central sólo le presta al sector privado

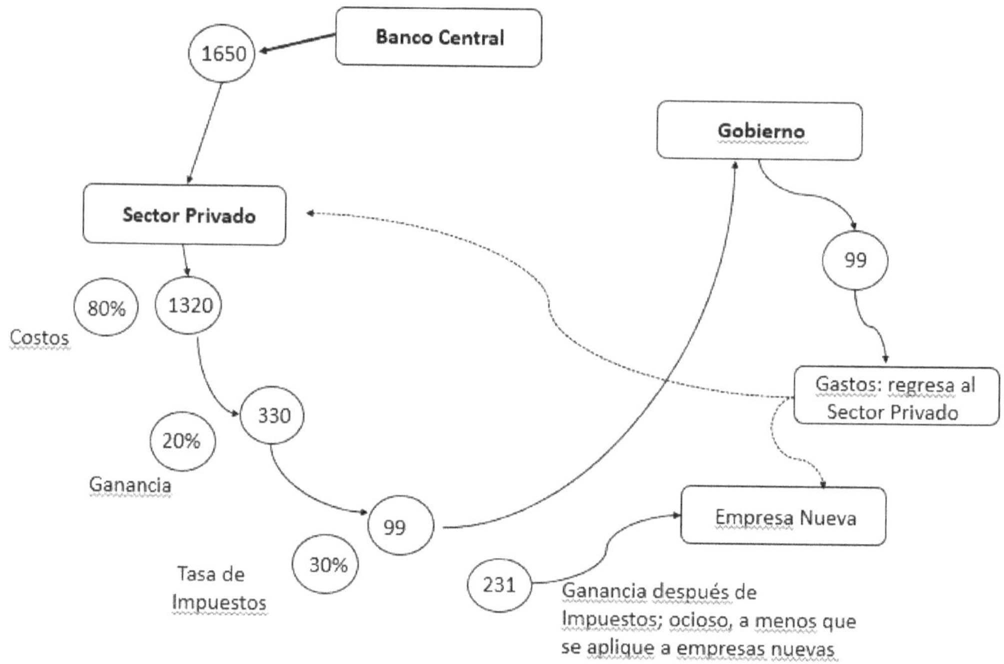

En este ejemplo, el banco central le presta al sector privado 1,650 dineros para que operen las empresas. De este monto inicial, el 80%, o sea 1,320 es para los pagos a los proveedores y empleados. La ganancia es de 20%, o sea 330. Sobre la ganancia, el gobierno cobra el 30% de impuestos, esto es 99. Al final le quedan al sector privado 231 como ganancia neta que se puede reinvertir para ampliar las empresas, o crear empresas nuevas, o mantenerse ocioso – sin ningún beneficio.

En el ejemplo, estamos incluyendo el interés cobrado por el banco central en los costos. También estamos incluyendo los préstamos que han necesitado los proveedores para producir los bienes y servicios consumidos por las empresas del sector privado, con sus intereses y ganancias monetarias propias. De esta manera es más fácil ver el flujo del dinero. Pero, si separamos los costos en sus componentes nos percatamos de una situación que genera una inflación acelerada.

Veamos la situación de un proveedor y un cliente que dependen el uno del otro y qué es lo que sucede.

Tenemos dos empresas A y B. Ninguna tiene dinero al comenzar.

La empresa A va a cosechar trigo y se lo proveerá a la empresa B, quien lo convertirá en pan, mismo que le comprará A.

A necesita 100 para pagar a los trabajadores que plantarán y cosecharán el trigo que necesita B. Así que necesita ir con el banco a pedir el dinero. Pero el banco le cobrará un interés de 10%. Así que A necesitará vender a 110, más su ganancia monetaria de 20 para un precio total de 130 para venderle a B. (Nota: los 30 adicionales a los 100 recibidos inicialmente están creados sólo en la mente y se convertirán en realidad cuando B pida el dinero al banco para poder pagar a A).

Como B todavía no tiene dinero, necesita pedir al único emisor de dinero – el banco central (o sus "franquicias" bancos comerciales) los 130 para pagarle a A. Pero, además, B necesita un préstamo para cubrir sus costos de 70 para transformar el trigo en pan, lo que hace un total de 200. Ahora el banco le puede prestar los 200 y le cobrará 20 sobre el préstamo. Así B tendrá que establecer su precio en 220 más su ganancia monetaria de 40 para un precio final de 260 para el momento en que A le vaya a comprar su pan.

Como A tiene una ganancia de 14 después de impuestos sobre la venta anterior, ahora solo necesitará pedir un préstamo de 260-14 = 246 para comprarle el pan a B y necesitará añadir 100 para sus costos de operación para la siguiente venta. En total, necesita un préstamo de 346. Ahora, el banco le cobrará un interés de 10% = 34 (redondeado) y el precio para B será 346 más el interés de 34, más una ganancia monetaria de 70 para un total de 450 (redondeado). En la siguiente tabla se puede ver el proceso en que se crea el dinero para la producción y compra del pan:

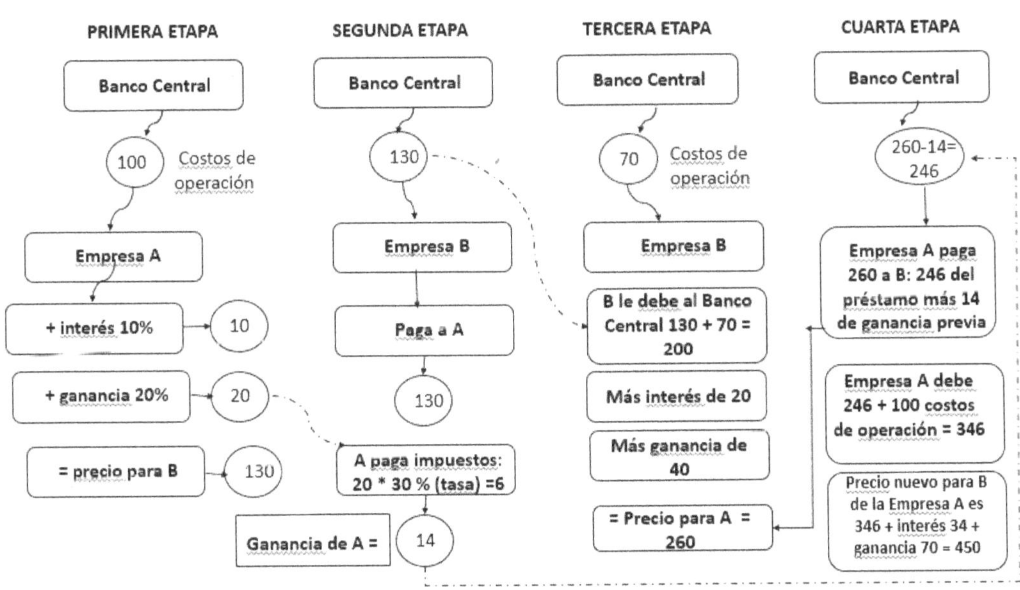

En el siguiente momento, ahora B tendrá que pedir un nuevo préstamo, para comprarle a A. Como tiene un remanente de 28 después de impuestos (40 – 12 = 28), el nuevo préstamo tendrá que ser de 450 – 28 = 422 más 70 de sus operaciones = 492. Para su próxima venta, el precio tendrá que ser 492 más el interés de 492 * 10% = 49 y su ganancia monetaria de 20% = 98, para llegar a un precio de 640 (redondeado).

Como podemos ver fácilmente, la espiral de inflación está en pleno crecimiento, sin fin. Y como es pura matemática, no afecta la relación entre A y B, excepto que les simplificaría la vida si sólo se pidieran entre sí lo que necesitan, en lugar de tener que hacer las engorrosas cuentas con el dinero. Los dos que salen ganando con esta contabilidad son el banco central que va acumulando los intereses, y el gobierno que puede obtener ingresos a partir de los impuestos sobre las ganancias de A y B.

Ahora veamos la otra opción en la que el banco central sólo le presta al gobierno.

En esencia, el gobierno no produce nada, simplemente proporciona diferentes servicios para mantener el orden, arreglar disputas, autorizar proyectos privados y controlar obras públicas. También trata de alinear a las iniciativas privadas hacia el bien común. Para que todo esto suceda, el gobierno necesita una estructura para la cual tiene que contratar personas y entrenarlas para llevar a cabo las diferentes funciones.

Como en este escenario la economía está controlada centralmente por el gobierno, entonces es el gobierno quien escoge lo que necesita para sus operaciones y para la población en general. Luego decide quién proveerá esas necesidades. Así, prepara su presupuesto y le pide al banco central el dinero que necesitará gastar en los diversos proyectos considerados de importancia. Usualmente, el dinero se irá a un selecto grupo escogido quienes se convertirán en los oligarcas de la nación. Estos luego escurrirán el dinero hacia la población a través de la estructura de los trabajadores.

El problema surge porque el dinero gastado en las operaciones no regresa de lleno al gobierno y por lo tanto no puede pagar su deuda con el banco central y necesita refinanciarse con mayores deudas. Tomemos el siguiente ejemplo para ilustrar el flujo de dinero cuando el banco central sólo le presta al gobierno.

El gobierno comienza al pedir prestado 1000 y necesitará devolver 1100 porque debe añadir los intereses que tendrá que pagarle al banco central. Los 1000 se van al sector privado, en este caso, un oligarca. Los costos de operación del oligarca son 800, mismos que se escurren entre su fuerza de trabajo. La ganancia de 200 genera un impuesto del 30% = 60. Esto es muy inferior a los 1100 que el gobierno tiene que regresarle al banco, por lo que necesitará refinanciar su déficit de 1040, pidiendo otro préstamo. Ahora el gobierno debe al banco los 1100 originales más 1000 – 60 (recuperados por impuestos) = 940 para operar el siguiente periodo. Esto significa que el gobierno ahora deberá 2040 más el interés sobre esta cantidad = 204, para una deuda total de 2244. Sin embargo, sólo puede operar los 1000 frescos, mismos que se irán de vuelta al oligarca para pagar los bienes y servicios requeridos por el gobierno. Los impuestos de este nuevo ciclo otra vez sólo serán 60, así que el gobierno tendrá que refinanciar ahora 2244 – 60 = 2184, que se hacen una bola de nieve de deuda, aumentando con cada ciclo.

Se ve en la siguiente figura:

El Banco Central sólo le presta al Gobierno

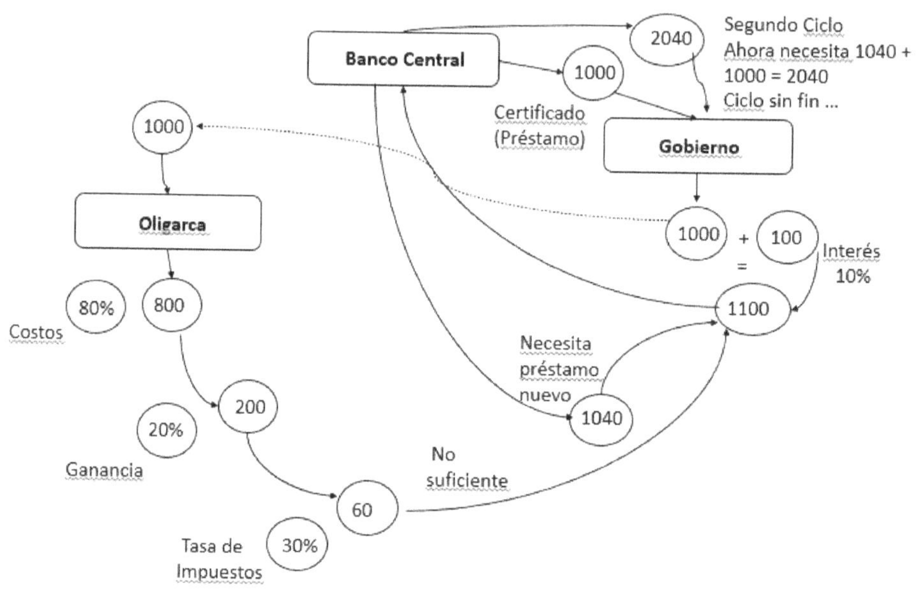

Por último, veamos lo que sucede cuando el banco central le presta a ambos, al sector privado y al gobierno.

Los empresarios necesitan dinero para pagar sus suministros y para contratar y capacitar al personal que va a ayudar a realizar la fabricación de bienes, o dar servicio, al gobierno y a los ciudadanos que necesitan o desean sus productos y servicios. De esta manera, los empresarios necesitan que el banco central, a través de los bancos comerciales, les proporcione el dinero necesario para sus operaciones. En este caso, como se necesitan muchos empresarios esparcidos por la sociedad, el banco central utiliza un sistema de bancos comerciales y les presta a estos bancos parte del dinero que le pueden prestar a los empresarios, dejándoles libres para producir el resto del dinero a través de una práctica conocida como banca de reserva fraccionada, que veremos en mayor detalle más adelante.

Los dos caminos comienzan a mezclarse cuando los funcionarios del gobierno le pagan al sector privado por sus bienes y el sector privado le paga al gobierno los impuestos sobre los excedentes generados como ganancias monetarias.

El punto clave aquí son las ganancias monetarias, mismas que son el motivador principal en este sistema. ¿De dónde viene este excedente de dinero? Si el único emisor de dinero legal es el banco central y sus ramificaciones, el excedente tiene que venir de ahí. Y es aquí cuando el sistema se vuelve verdaderamente confuso y complicado.

Recordemos que los bancos centrales tienen como principal objetivo producir ganancias. Por lo tanto, venden su producto, que es dinero, y añaden una ganancia, la cual es la tasa de interés que le cargan al gobierno y al sector privado. El problema es que si el banco central presta 100 dólares, euros, pesos, o libras, al gobierno y espera que le regrese 110 (si la tasa de interés es 10 %), de dónde van a venir esos 10 extra, si sólo el banco central los puede emitir? Si le da los 10 al gobierno tendría que ser como préstamo y añadir el 10% para que le regrese ahora 11. Pero ahora el banco tendría que darle el 1 adicional y cobrarle el interés correspondiente para recibir 1.1 de regreso. Esto se iría al infinito y el gobierno nunca terminaría de recibir el préstamo. Entonces, ¿qué hace el banco central?

En un tiempo, se retenía la ganancia en el momento de hacer el préstamo. Si el gobierno pedía 100, el banco central le retenía los 10 de ganancia y sólo le entregaba 90. Pero el monto que se tenía que regresar seguía siendo los 100. El siguiente problema era de dónde iba a obtener los 100 para pagar la deuda. Para hacer más prácticas las cosas, hoy en día el banco central le compra "bonos" o pagarés o certificados de tesorería que representan la deuda principal y se carga el interés al margen. De esta manera, si el gobierno necesita 100, le "vende" un papel "promesa" que garantiza el pago en algún momento en el futuro, más lo que se haya negociado como tasa de interés. De esta manera, el gobierno recibe la cantidad completa y se evita la trampa de tener que estar pidiendo más dinero al inicio para cubrir el interés. Sin embargo, como el gobierno solo recibe dinero de impuestos y otras tarifas, esto genera el problema de poder cumplir con la promesa, como veremos a continuación.

El gobierno ha sido tradicionalmente una institución no-lucrativa, cuyo principal propósito ha sido gastar dinero en sus operaciones. Para esto, puede cobrar por algunos de sus servicios, y ciertamente cobrar impuestos a sus ciudadanos. Pero los ciudadanos necesitan tener dinero para hacer esos pagos, suministrado a través del camino del sector privado, dinero que es suministrado por el banco central, incluyendo una tasa de interés.

Veamos los pasos simplificados de cómo circula el dinero en este caso:

El banco central compra al gobierno un papel que vale 100 con un interés del 5% y que madura (expira) en un año.

El gobierno gasta los 100 en los productos y servicios que necesita del sector privado. (El gasto incluye los salarios de los funcionarios del gobierno, que al final de cuentas también se van en la compra de los productos del sector privado).

El banco central le necesita prestar al sector privado el monto de dinero necesario para producir un excedente monetario que pueda generar por lo menos 105 en impuestos para que el gobierno pueda pagar su deuda de 100 al banco central, más los 5 de intereses.

Si la tasa impositiva es del 30%, entonces el sector privado necesita generar una ganancia de 350 para que 350 * 30% = 105.

Para generar la ganancia de 350, el sector privado necesita establecer un precio que permita ese margen de ganancia. Así que tiene que lograr ventas adicionales a los 100 que recibió del gobierno. Si sus gastos operativos son en promedio 80% del precio y tiene un margen de ganancia del 20%, entonces necesita hacer ventas por 1,750, incluyendo los 100 vendidos al gobierno, para producir los 350 en ganancias (1750 * 20% = 350) y todo el dinero extra tiene que venir del banco central. Veamos la siguiente figura:

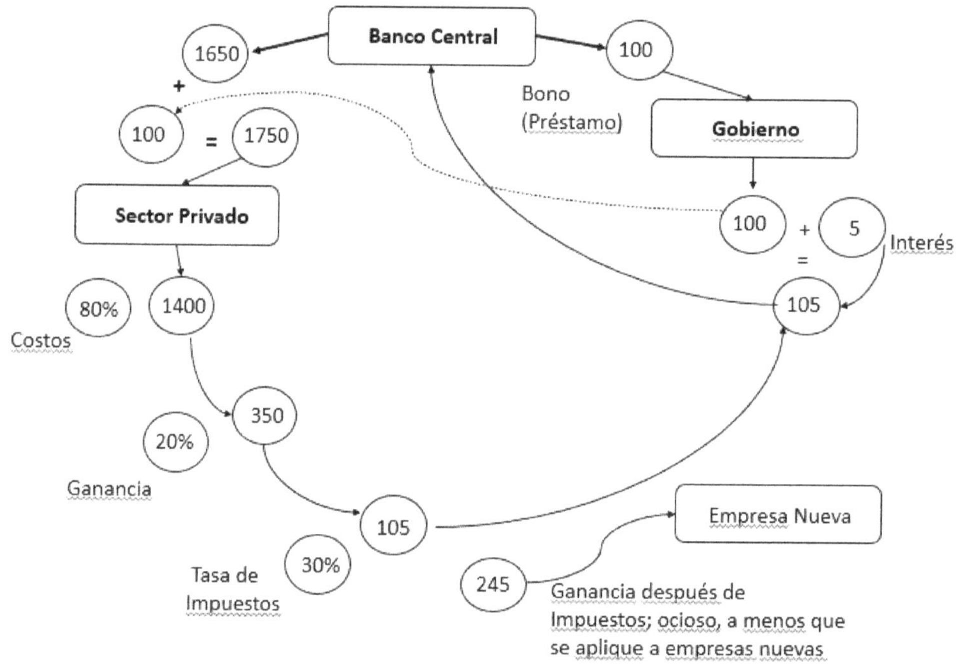

Para que el sector privado pueda producir y vender suficiente para pagar los impuestos que el gobierno necesita para saldar su deuda, necesita haber un continuo crecimiento de nuevas empresas pidiendo préstamos al banco central. Esto es para que las empresas puedan comprarse entre ellas.

De otra forma, las pocas empresas existentes tendrían que incrementar sus precios para cubrir la cantidad de impuestos que necesita el gobierno. Pero esto a su vez incrementaría el precio al que se le vende al gobierno, mismo que tendría que pedir más préstamos. Es un ciclo espiral sin fin.

Con más empresas, el efecto de los impuestos se puede distribuir y así mantener los precios bajos para el gobierno. Esto es una de las razones por las cuales es necesario el consumismo para que, entre más empresa y consumidores, se aminore la carga fiscal. Por esto es tan importante la mercadotecnia, ya que la gente tiene que ser persuadida a comprar todo lo nuevo que está llegando al mercado.

Aquí podemos ver un ejemplo para ilustrar el proceso cuando más empresas se integran a la economía:

Tomemos tres empresas A, B, y C, quienes en total deben vender los 1750 para generar las ganancias necesarias para los impuestos.

- Cada uno debe vender 1750/3=583.33, o 580 en números redondos
- Los 580 para cada empresa tienen que venir del banco central
- Cada empresa logra una ganancia de 580*20%=116
- Cada una paga un impuesto de 116*30% = 34.80, o 35 en números redondos
- El gobierno recibe 35*3 = 105
- El gobierno puede pagar su deuda al banco central
- El gobierno no tuvo que pedir préstamos adicionales

Hasta aquí parece un buen sistema, y entre más empresas participen, más se repartirá la carga de generar los impuestos necesarios para que el gobierno pueda pagar su deuda al banco central. Sin embargo, el tema del interés cobrado sobre los préstamos no se ha considerado.

- Los préstamos recibidos por las tres empresas tienen un interés pegado. Suponiendo que sea 5%, entonces cada empresa necesita añadir a sus costos 580*5% = 29, o 30 en números redondos.
- La consecuencia normal es que el costo adicional que implica el pago de intereses, se añadirá al precio. En lugar de 580, la primera empresa venderá a 610.

- La siguiente empresa tendrá que pedir el préstamo ahora por 610 para pagarle a la primera. Para vender su producto, ahora tendrá que incluir el interés sobre 610*5% = 30.5, o 31 en números redondos. El precio ahora será de 641.
- Si los costos de operación, las ganancias y los impuestos se mantienen en una proporción constante, la producción de bienes se mantiene sin cambio – la realidad natural disponible de transformación de los recursos del planeta no cambia, pero los precios sigan aumentando por los intereses a pagar en cada transacción, y no mejorará la posición monetaria de las empresas ni del gobierno, a pesar de estar recibiendo más dinero en términos absolutos. Sólo se impone una desviación de dinero hacia el emisor del dinero, quien lo va acumulando.
- La consecuencia es inflación en espiral y nunca acabar.
- El problema se origina en el momento en que las proporciones con que operan las diferentes empresas se rompan a través de diferentes tasas de intereses o de impuestos o de costos (una empresa tiene 60% de costos y ganancias de 40%, mientras otra puede tener costos de 85% y ganancias de 15%). Los afectados dejan de poder consumir la producción de los otros y el sistema falla.

No sostenible.

[Una nota aquí: si la tasa impositiva sobre ganancias es 30%, debería ser necesario cargarle al banco central 1.5 dineros sobre los 5 que recibirá como ganancias al término del pagaré del gobierno. Pero esto no sucede porque hay leyes a modo para el banco central. https://www.imf.org/external/np/leg/tlaw/2007/eng/central banktt.pdf]. Para corregir la acumulación de ganancias del emisor de dinero, se ha acordado entre el emisor y el gobierno de muchos países, el canalizar parte de sus ganancias al gobierno, lo cual es simplemente un movimiento financiero. Esto no tiene nada que ver con producir algo bueno para la sociedad a menos que el gobierno lo invierta en proyectos que ayuden al avance de la sociedad con mejoras en el estilo de vida de sus ciudadanos. Estos proyectos deben ser innovadores para producir más bienes y servicios que lleguen a porciones mayores de la población. De lo contrario, si se canaliza el dinero a empresas ya establecidas, sin que éstas aumenten su producción, simplemente se generaría inflación porque habría más dinero para comprar los mismos productos y servicios.

Otra parte del problema es qué hacer con la ganancia monetaria de las empresas después de pagar sus intereses e impuestos. (En el escenario anterior, ganancia de 86 – impuestos de 26 = 60 sobrante de ganancias). Una alternativa sencilla es que el gobierno cobre mayores impuestos. Pero esto desincentivaría a las empresas a producir, porque esencialmente serían esclavos, sin nada o poco beneficio. Así pues, la práctica común es que el dinero, sin valor en este momento, se regrese a las sucursales bancarias, las cuales necesitan volver a prestarlo para hacerlo productivo – en nuevas empresas o proyectos. Estos proyectos generan productos o servicios que pueden ser consumidos por la población, ya sea por medio de los salarios pagados por las empresas o por medio de préstamos del banco.

Esto genera una espiral de más empresas con más consumidores que retroalimentan al sistema, creando más empresas y más consumidores para siempre más. Si la espiral se interrumpe, todo el sistema falla porque las empresas no podrán vender sus productos, no podrán pagar los salarios que se usan para comprar de otras empresas y, por lo tanto, todos no podrán pagar sus deudas. El sistema depende enteramente de que siempre haya más personas obteniendo préstamos, ya sea para construir empresas o para consumir productos y servicios.

Ahora, habrá personas que argumenten que no todas las nuevas empresas necesitan préstamos bancarios para iniciarse. Esto sucede cuando una persona trabaja arduamente y ahorra suficiente dinero para empezar un negocio sin pedir un préstamo. Sin embargo, como todo el dinero legal tiene que venir del sistema bancario, entonces el dinero que se puede ahorrar también vino del sistema bancario y automáticamente trae colgada una tasa de interés. Esto hace que los ahorros no invertidos pagan su porción del interés original a través del efecto de la inflación, por el cual el poder de compra de los ahorros se disminuye con el paso del tiempo. La persona que ahorra para poder establecer su propia empresa, debe tener un plan bien completo y estructurado para que pueda implementar lo más rápido posible los elementos que conformarán su empresa y así evitar que la inflación se coma sus ahorros, lo que haría que no le vaya alcanzando para invertir en su empresa. La inflación justifica el dicho "tiempo es dinero": cada minuto que pasa está causando que se deba más dinero al banco central. En el momento en que los suministros que necesita provengan de empresas que hayan pedido préstamos, tendrá que considerar un margen en sus ganancias para cubrir la inflación que les va a pegar a esos proveedores y así poder terminar el proyecto con los recursos disponibles.

Los ahorros se producen al recibir más de lo que se requiere para satisfacer el nivel de vida de un individuo, o por sacrificar una parte del estilo de vida para acumular una parte del ingreso obtenido. Una forma en que un individuo puede obtener ingresos mayores a su estilo de vida se debe a que las empresas que quieren crecer y competir exitosamente, necesitan atraer a las personas de mayor talento. Pero, como la demanda de estas personas generalmente sobrepasa la oferta, entonces las empresas deben incluir en sus presupuestos el monto necesario para atraer a esas personas a sus operaciones. Esta es la oportunidad de aquellos con talento para recibir salarios mayores que les permitan niveles de vida más satisfactorios y poder ahorrar. Esto naturalmente contribuye a la disparidad social y a la inflación, ya que los de mayores salarios pueden ofrecer más dinero por los mismos productos disponibles, lo que los encarece para los que reciben menores salarios.

La única manera en que se pueden vender los productos a precios más altos es porque existe una demanda no satisfecha para esos productos, o porque tienen alguna característica que los hacen mejores que los que están en el mercado, y los consumidores pueden y quieren redistribuir su ingreso en un cambio de su estilo de vida. Los trabajadores astutos brincan de una empresa a otra por mayores sueldos, lo que les permite desarrollar continuamente su estilo de vida con las últimas innovaciones y modas. Los trabajadores no tan astutos empiezan a ser relegados a tratar de mantener su estilo de vida, aunque éste se vea continuamente erosionado por la inflación creciente. Las nuevas empresas que se necesitan crear para mantener vivo al sistema requieren de préstamos mayores. Las empresas "yo también", que venden productos competitivos similares (no productos innovadores), a un precio más alto (debido a los préstamos con interés), ganarán menos por sus costos financieros más altos. Este tipo de empresas pueden seguirse creando con ganancias siempre decrecientes hasta que la demanda se haya satisfecho enteramente y no se puedan generar más ganancias. Naturalmente, existen estrategias para tratar de estirar las ganancias posibles. Una de ellas es desarrollar o comprar tecnología nueva que pueda producir más volumen a menor costo (conocido también como "incremento en la productividad"). O, pueden buscar a trabajadores que necesitan empleo y pagarles menos para mantener o incrementar su margen de ganancias. Esto lleva a prácticas tan reprobables como trabajo infantil o explotación laboral alrededor del mundo.

Las empresas que se logran integrar exitosamente al sistema, producen ganancias después de impuestos, las cuales dejan a sus dueños en libertad para dirigir esas ganancias a diferentes propósitos. Un destino normal son los sueldos y bonificaciones a ejecutivos, y los dividendos pagados a los accionistas. El dinero extra, si no es regresado como depósitos a los bancos o reinvertido en los mercados financieros, se puede jugar en los casinos, o ser gastado en el consumo personal. Esto último permite un estado de vida más lujoso para los dueños y altos ejecutivos de las empresas. Los sueldos pagados a los trabajadores se consideran costos para la empresa y siempre se tratará de minimizarlos, contrario a las ganancias que siempre se tratarán de maximizar. Esto naturalmente produce una polarización social, permitiendo a los dueños y ejecutivos acceso a productos especializados más caros que los productos en volumen para las masas. El sistema está diseñado de tal forma que los empleados siempre estarán en desventaja con respecto a los productos especializados que tienen precios más altos (y en algunos casos, exorbitantes). Tomemos a manera de ilustración, el fabricante de cepillos de dientes. Con 10 empleados y equipo, la empresa puede producir unos 20,000 cepillos al día, eso es aproximadamente 400,000 al mes. Con una ganancia de 20 centavos por cepillo se logran 80,000 de ganancia mensualmente. Un trabajador operativo podrá ganar 6,000 al mes. La diferencia en poder adquisitivo se ve claramente, junto con las posibilidades de diferentes estilos de vida. El dueño, generador de las ganancias de 80,000 se mueve en un círculo de bienes más costosos con mayor calidad (de esperarse). Los empleados se mueven en círculos de menos costo con menor calidad (en general).

Esto puede verse como injusto y en muchos países se han promovido leyes de participación de las utilidades o ganancias. Desafortunadamente, esto contribuye mayoritariamente a la inflación, debido a que ese dinero no genera productos nuevos y simplemente incrementa la demanda para los productos existentes.

Por otro lado, el monto de ganancias se justifica por el esfuerzo y el trabajo que el dueño ha puesto en la creación de su empresa. Sin embargo, esto se puede ir completamente fuera de proporción, dejando una gran cantidad de dinero flotando en el sistema financiero, más allá de la posibilidad de convertirlo en productos y servicios reales y servicios para la sociedad. Por ejemplo, un comisionista que tiene un proyecto sobre el cual cobra un 10% sobre el valor monetario: si el proyecto es por un millón de dineros, su comisión serán cien mil dineros, que puede ser relativamente excesivo en cuanto al tiempo y esfuerzo requerido, pero considerando sus gastos y su estilo de vida, pudiera ser adecuado. Pero si el proyecto vale cien millones de dineros, la comisión será de diez millones, que es completamente fuera de proporción con el aumento en tiempo y esfuerzo requerido para hacer el contrato. Si logra varios contratos similares, sus ganancias por comisiones van mucho más allá de lo necesario para el estilo de vida del comisionista. Esto genera la necesidad de crear productos financieros para absorber el dinero ocioso y forma una creciente burbuja de dinero produciendo dinero matemáticamente, hasta que revienta porque no está sustentado en la economía real, y ocurre la crisis financiera.

Debe de haber otra solución. De no tenerla el resultado absurdo es que las fábricas sigan intactas y podrían continuar produciendo los bienes necesitados por la sociedad, las personas siguen teniendo sus habilidades y la posibilidad de trabajar, pero por la falla financiera, que es una invención en la mente humana, todo se detiene y la economía implosiona. El sistema, al acercarse la crisis, busca desesperadamente posponer la quiebra con muchos instrumentos y acuerdos financieros, algunos tan fantasiosos como la denominada moneda del trillón de dólares: una moneda de aleación de platino que emite la tesorería del gobierno y que "compra" el banco central permitiendo que el trillón no se tenga que devolver pues ya es un "activo" del banco central. Pero la realidad de que el dinero está divorciado de los recursos del planeta eventualmente se sobrepone a todos esos esfuerzos.

No sostenible.

EL ROMPIMIENTO CON
LA NATURALEZA

Previo al siglo 20, antes de que los bancos centrales se convirtieran en la norma en el mundo, el dinero se producía en la casa real de la moneda del soberano o rey, o por parte de otros nobles importantes, y se grababa su imagen para autentificar las monedas. El volumen estaba sujeto al inventario de metal, oro y plata preferentemente, que se pudiera obtener de depósitos naturales de diversos lugares del mundo. Mientras había minas que descubrir y los métodos de extracción se mejoraban, había un balance relativo en el cual el dinero metálico podía representar los bienes a intercambiar entre las poblaciones. Pero había demasiados problemas con esto, incluyendo la falsificación con contenidos menores de los metales valiosos (plata y oro) sustituyéndoles por metales más baratos como el bronce y el cobre. Esto hizo que el comercio entre regiones soberanas fuera algo caótico y algunas monedas tenían más valor que otras por ser más confiables. Como la norma era de oro y plata, si un reino no gozaba de estos metales, tenía que vender sus mercancías a otros que sí tenían estos metales, con lo que obtendría las monedas para hacer sus compras. Las tensiones políticas eventualmente llevaban a la guerra en la cual estrategias y tecnología superiores y a veces algo de suerte, determinaban quien ganaría. Pero, además, surgió otro aspecto clave para poder ganar las guerras: el crédito que se podía obtener de los aliados o prestamistas reconocidos. El monto del crédito que se podía juntar para pagar más soldados y más armamento y provisiones significaba una ventaja definitiva. Claro que el riesgo para los prestamistas era que su cliente perdiera la guerra y perdieran todo el dinero prestado. Así que trataban de escoger el más fuerte o el que tuviera mejor estrategia guerrera para brindarles el crédito. El pago del crédito era garantizado con lo que el ganador obtuviera en oro y bienes valiosos del perdedor. Esto estimulaba la necesidad de conquistar a otras poblaciones o robarles sus bienes para pagar deudas y que llevó a la formación de imperios. Durante varios siglos (del dieciséis al diecinueve), España fue uno de los que tenían más metal de plata y oro obtenido de sus posesiones coloniales en México y Perú. Las monedas españolas fueron una de las fuentes principales de plata para el resto de Europa, mientras que las minas brasileñas poseídas por Portugal, fueron las principales proveedoras de oro. Los británicos también tenían una participación significativa de sus minas en África. Más tarde, los americanos se convirtieron en una fuente principal de oro por sus minas en Nevada y Alaska. La naturaleza se ofreció bondadosa en proveer estos metales, en un principio, pero finalmente no fue sostenible como veremos a continuación.

Retrocediendo en el tiempo, hace unos cuatrocientos siglos, a medida que el comercio mundial con las monedas de oro y plata se hacía más amplio, se comenzó a generar un problema de inseguridad e incomodidad al tener que transportar grandes cantidades de esos metales. Esto generó la creación de un servicio adicional de los orfebres que trabajaban esos metales y que dio comienzo a la conversión de metal a papel.

Los mercaderes, los agricultores y los artesanos que recibían pagos en oro, se lo llevaban a los orfebres que acuñaban el metal en monedas o simplemente le grababan su nombre o identificación del dueño a los lingotes. Pero al crecer la inseguridad, los dueños del oro empezaron a utilizar los servicios de los orfebres para salvaguardar sus piezas de oro. El orfebre le daba al dueño un papel que indicaba la cantidad de oro que le guardaba.

Con la dinámica del comercio, se volvió práctico que los dueños de oro endosaran su papel a otros mercaderes que podían reclamar el oro físico. Así cayó en la cuenta de los orfebres que las personas estaban dejando su oro en custodia por periodos más largos y sus recibos de papel estaban haciendo el trabajo de intercambio. En algún momento, un orfebre astuto empezó a dar recibos a nombre propio, y si alguien reclamaba una barra de oro, tenía suficientes en reserva para hacer la entrega y mantener la confianza en su resguardo. Esto fue reforzando la fe en que el papel por sí solo servía para asegurar las transacciones (por eso a este tipo de dinero se le llama "fiduciario" que proviene de la raíz "fe"). Esta práctica de emitir más papel de lo que había realmente en oro en la reserva fue la semilla que rompió la relación entre el papel con los recursos tangibles, físicos, de la naturaleza. Se convirtió en dinero de cuenta, simplemente guardando una bitácora que detallaba quién tenía oro realmente y quién tenía dinero de cuenta del orfebre.

A medida que se incrementó el comercio por el mundo, las reservas de oro que garantizaban la conversión del papel circulante en oro físico sobre demanda, no estaban llevando el paso con la aceleración del comercio. Para el siglo 20 la disparidad entre la cantidad de dinero de papel y el oro que se suponía garantizaba el papel, se volvió insostenible. Todo el papel en circulación sobrepasaba la posibilidad de ser redimida en oro. Se tuvo que enfrentar a la inevitable realidad de que el oro disponible para garantizar el papel eran minúsculas partículas de polvo, casi invisibles. Si antes se tenían 10 papeles, cada uno respaldado por una barra de oro y luego se tenían 100 papeles respaldados por las mismas 10 barras de oro, sólo se podría redimir cada papel con una décima parte de una barra de oro. Cuando el comercio seguía creciendo junto con el incremento de población, y las minas quedaban desgastadas, si se tenían 100,000 papeles para comerciar todos los productos, cada papel sólo alcanzaría una garantía de un diezmilésimo de barra de oro, una partícula de polvo. Esta situación generó la necesidad de crear un acuerdo internacional sobre la gestión del dinero y el comercio entre las naciones más dependientes del respaldo de oro. Este acuerdo se conoce como el de "Bretton Woods", por el lugar en el que se llegó al acuerdo en 1944. Con esto se confirió la convertibilidad de las diferentes monedas de las naciones a los Estados Unidos. Se acordó que el dólar americano garantizaría su valor en .88867 de gramo de oro fino. Se creó el Fondo Monetario Internacional para regular y cuidar la convertibilidad de las monedas participantes. Sin embargo, el comercio siguió creciendo y el respaldo de oro al dólar americano empezó a ser insostenible. Esto causó una crisis mundial en la cual se abandonó al oro como garantía del papel circulante en 1976 a favor de un sistema de flotación de las monedas de cada país donde el valor se determinaría por la oferta y demanda de los productos comerciados entre las naciones. Lo significativo al abandonar el acuerdo de Bretton Woods **fue que la conexión entre el dinero de papel y la naturaleza del planeta se determinó oficialmente como irrelevante.** Pero para evitar el caos total, la moneda de la economía más fuerte, el dólar estadounidense, se convirtió en el referente de valor para el resto del mundo. Pero el comercio ha seguido creciendo y está llegando el momento de nuevo en que el dólar americano es inadecuado para sostener el comercio mundial. Actualmente, las divisas chinas y rusas están maniobrando para ver cómo se puede sustituir al dólar. Es posible que se necesite llegar a un acuerdo, probablemente alrededor de una criptomoneda. Pero aún eso sería insostenible como ya hemos visto, por el efecto de la inflación. Para ponerlo llanamente, **cualquier desviación del principio de que el dinero tiene que estar relacionado directamente con los recursos del planeta, hará que el sistema monetario no sea sostenible.**

Originalmente, había una estrecha relación de los préstamos con la naturaleza. Los historiadores trazan el origen del concepto de tasa de interés a algún tiempo hace más de 4000 años. El testimonio más antiguo de cuentas bancarias, de acuerdo con el Banco Mundial, fueron préstamos de granos a campesinos en Mesopotamia (una región fértil a orillas del Mar Mediterráneo). Esto fue la banca natural en su máxima expresión. El préstamo de granos se esperaba ser repagado con interés de cierta cantidad de granos, pero debido a la abundancia de ganancia natural al cosechar los granos en condiciones normales, el agricultor podía repagar el grano original más un interés en granos al prestamista, y aún tener suficiente para su propia sobrevivencia e intercambio por otros artículos. La motivación del agricultor para producir granos, ya sea reinvirtiendo de los granos almacenados, o pidiendo granos prestados de otras personas para cultivarlas, era sobrevivir – la magna motivación.

Por otro lado, la introducción del dinero y los préstamos **monetarios** con interés, trajeron prácticas que se cuestionaron desde un principio. Desde tiempos bíblicos se reprobaba, y aun así se ha sobrepuesto y justificado con argumentos fantasiosos como: el interés monetario es el precio del riesgo, es el costo de capital, o para que un negocio sobreviva tiene que obtener ganancias (monetarias), o arriesgamos caer en contingencia moral si se perdona una deuda (la contingencia moral se debe a que si una persona no paga sus deudas, entonces los demás podrían pensar que ellos tampoco tendrían que pagar las suyas).

Para los que están familiarizados con el sistema financiero musulmán, sabrán que en ese sistema está prohibido el cobrar intereses monetarios sobre préstamos. Se considera completamente inmoral. En su sistema, permiten ganancias, pero estas deben redistribuirse mediante la emisión de acciones o documentos que permitan que otras personas puedan participar en esas ganancias. Esta forma de financiamiento ha ido creciendo e incursionando en diferentes países.

La esencia de crear dinero fuera de los límites naturales, se encuentra en el sistema aceptado de contabilidad en que la última línea de un estado de cuenta, muestra la ganancia (o pérdida) del negocio. Esto crea la ilusión de que se necesita tener una ganancia monetaria para ser sostenible. Dentro de la ilusión más completa del sistema monetario, esto se convierte en una realidad que no se puede ignorar si uno participa en la fantasía original del dinero creando dinero por sí mismo y luego tratando de integrar esto dentro del mundo natural (real).

Un ejemplo nos puede ayudar a visualizar esta situación. Actualmente, el dinero fiduciario se contabiliza por su valor nominal en lugar de por su valor relativo. Supongamos que hay dos cuentas relacionadas, una con 1000 vacas y otra con 1000 dineros que representan el valor de las vacas. Las vacas son reales y si se reproducen y traen 20 vacas más al mundo, su cuenta las reflejará en 1020 y la cuenta del dinero también debe moverse a 1020. Tres meses después, si 120 vacas se enferman y mueren, las cuentas deben reflejar esta realidad y bajar a 900 en las dos cuentas. La cuenta de dinero relacionada debe siempre reflejar la situación real. Ahora vamos a añadir una cuenta financiera y supongamos que se depositan los originales 1000 en el banco y se paga un 10% mensual de interés simple (no compuesto) sobre el depósito. Después de tres meses la cuenta ahora muestra 1300 dineros. Esto es 400 dineros más que las 900 vacas reales. Esta clase de contabilidad, basado sobre el valor nominal del dinero – los 1000 originales – lleva a un divorcio con la realidad natural y genera una fantasía en un mundo no sustentado por ningún producto real.

El factor más claramente insostenible, en el mundo financiero de ganancias monetarias, es cómo la práctica de los orfebres de la Edad Media ha evolucionado en lo que hemos mencionado anteriormente, conocido como banca de reserva fraccionaria, y que se usa por la mayor parte del sistema bancario en el mundo. A continuación, veremos cómo esta práctica aumenta el divorcio del dinero con la realidad, en una enorme proporción.

Desde las primeras etapas de educación, se nos decía que, si ganabas dinero con tu trabajo o negocio, y lo depositabas en un banco, éste podía prestar ese depósito a otras personas que necesitaban el dinero. El banco nos pagaría un interés sobre nuestro depósito y le cargaría un interés mayor a las personas que obtenían el préstamo. La diferencia entre las tasas de interés sería la ganancia del banco por sus servicios. Esto suena lógico, así que no lo cuestionaríamos. También se nos decía que si la persona, a quién el banco le hizo el préstamo, perdía el dinero, sin poder repagarle al banco, entonces el banco no nos podría regresar nuestro dinero y perderíamos nuestros ahorros y el banco se declararía en bancarrota. Lo que no nos decían es que los bancos pueden prestar dinero que no está depositado, dinero imaginario que sólo existe como números en cuentas y que sólo se vuelve real cuando alguien lo pide prestado y lo invierte en una realidad tangible, como una empresa, o la compra de un terreno o hasta el consumo personal de un platillo favorito.

Como hemos visto anteriormente, los préstamos son bastante malos de por sí, debido a la inflación causada por la tasa de interés. Ahora, si vemos lo que sucede con la banca de reserva fraccionaria, el efecto sobre la inflación es enorme y necesariamente causará una crisis financiera en algún momento. La banca de reserva fraccionaria significa que en lugar de prestar únicamente lo que hemos depositado, el banco puede prestar muchas veces por encima del depósito. En otras palabras, el banco solo necesita tener en sus reservas una fracción del dinero que va a prestar.

Dependiendo de las leyes de diferentes países, los bancos pueden prestar más o menos 10 veces el valor de sus depósitos. Esto quiere decir que pueden crear dinero de la nada por muchas veces del monto real que tienen en reserva. Esto se conoce como el "efecto multiplicador". Obviamente, están en gran riesgo de volverse insolventes. Esto sucede cuando la cadena de préstamos se interrumpe porque alguien no paga su préstamo, o, cuando coincidentemente suficientes clientes deciden retirar sus depósitos, pero el banco no tiene el efectivo necesario. Cuando el banco anuncia que no puede regresar los depósitos, entra el pánico y hay una tradicional corrida contra el banco en que todos quieren retirar sus depósitos, exponiendo la falla en el sistema. El banco se declara en bancarrota y los clientes pierden su dinero. La gente no puede comprar sus provisiones y la economía en su conjunto se desploma.

Aprendiendo por experiencia, los bancos han creado sistemas para prestarse unos a otros para salvar el momento de crisis de un banco individual. De todas maneras, cuando la nube de dinero de cuenta alcanza proporciones más allá de las posibilidades de que la población pueda hacer sus compras reales y tener un sobrante para poder pagar sus deudas bancarias, porque la inflación se ha comido una gran parte de sus ingresos, entonces ni todos los bancos juntos pueden salvar a los que se encuentran en problemas. Una crisis financiera generalizada ocurre y los gobiernos tienen que intervenir para negociar un monto de salvación con los emisores del dinero para que no se quiebre la economía en su totalidad. Claro que esto se vuelve una carga para la población, quienes verán sus impuestos secuestrados durante generaciones para llenar un hueco contable causado por el sistema financiero.

Uno podría pensar que, si se trata sólo de dinero de cuenta, sin efectivo, sólo créditos y débitos en las cuentas, los bancos nunca podrían llegar a la bancarrota. Sencillamente crearían más dinero y fin de la historia. Sin embargo, el sistema actual requiere que el dinero de cuenta se convierta en bienes tangibles, bienes raíces como última instancia. El problema viene cuando la inflación en espiral ascendente hace que les sea imposible a los empresarios y los consumidores seguir pagando por las cosas tangibles que conforman su estilo de vida, y entonces todo se deshace y sobreviene la crisis. A mayores préstamos pequeños realizados, y más préstamos fraccionados, el riesgo se distribuye mejor. Sin embargo, como también se hacen préstamos grandes, al final de cuentas, cuando los pequeños no pueden pagar sus deudas, como en la crisis hipotecaria de 2008, entonces los grandes préstamos tampoco se pueden pagar ya que dependen de los pequeños para poder tener ingresos.

DINERO OCIOSO

El concepto de dinero ocioso es muy importante para hacer que el sistema actual de dinero sea sostenible.

La definición puede resumirse como: el dinero ocioso es el dinero en exceso de las necesidades personales (estilo de vida) que un individuo productivo recibe por la utilización de sus servicios.

En la economía mundial de hoy se producen enormes cantidades de dinero ocioso. Empieza con los precios diferenciales entre el costo de un producto o servicio y el precio al que se vende. Supongamos que el Panadero necesita pagar 7 dineros a 7 proveedores para producir una barra de pan. Pero también necesita dinero para pagar las cosas que necesita o desea (comida, ropa o entretenimiento). Entonces tiene que vender la barra de pan a un precio más alto, supongamos a 10 dineros. Esto inmediatamente produce 3 dineros discrecionales más allá del costo de producir la barra. Esos 3 dineros se acumulan con cada transacción que realiza el panadero, permitiéndole hacer las compras de acuerdo a su estilo de vida. Si el total que recibe excede los gastos de su estilo de vida, entonces se convierte en dinero ocioso, esperando algo nuevo en lo que se pueda aplicar. Todos los demás participantes en la economía también están produciendo dinero discrecional con la ganancia monetaria que le agregan a los productos o servicios que venden y lo aplican a las cosas que conforman el estilo de vida particular de cada persona. Todo este dinero extra que se está generando de la nada y muy arbitrariamente, de acuerdo a las necesidades o caprichos o estrategias de cada productor, tiene que venir de algún lado: el emisor de dinero y sus sucursales o franquicias, quienes proveen el dinero. Esto estaría bien, y hasta mejorado, si el exceso de dinero no utilizado en los estilos de vida del momento, se regresara al emisor para ser guardado (sin generar intereses como lo veremos más adelante) hasta que se requiriera dinero adicional para comprar las innovaciones o cambios en los estilos de vida. Si el panadero introduce un nuevo pan con frutas que le gusta a la gente y lo empiezan a incluir en su estilo de vida, entonces la necesidad de dinero se ha creado. Primero se podría cubrir con el dinero ya devuelto anteriormente al emisor de dinero bajo el estilo de vida previo, hasta que se agote. Luego se añadiría dinero nuevo según se necesite por las personas que desean incluir el nuevo pan en su estilo de vida.

Desafortunadamente, el sistema actual genera inflación a través de la aplicación del dinero ocioso mayormente a los productos y servicios existentes en lugar de utilizarse en nuevos productos. Esto tiene un efecto de ondas en que se va esparciendo a todos los niveles de la población. Cuando alcanza a los proveedores y el panadero necesita pagar 8 dineros para los materiales que necesita, entonces el dinero ocioso, que le ha permitido acumular el sobrante de su dinero discrecional de 3 dineros, se puede usar para amortiguar el efecto. En lugar de subir sus precios, puede ir aplicando el dinero ocioso hasta que se agote. La inflación, al volver a alcanzar a los proveedores, volverá a presionar al panadero y tendrá que subir sus precios y contribuir a mayor inflación o sacrificar su estilo de vida. Esto continúa hasta que la inflación termina su labor y hace que el panadero tenga que cerrar su negocio, seguido por sus proveedores.

Esto también explica por qué es tan importante la mercadotecnia, ya que la población tiene que ser persuadida a comprar todo lo nuevo que está llegando al mercado. Cuando la inflación de precios excede la capacidad de consumo de los consumidores, estos son seducidos a obtener créditos personales a través de tarjetas de crédito o préstamos directos, hasta que sus ingresos no pueden cubrir los préstamos y ya no pueden consumir los productos que salen al mercado. Entonces los proyectos nuevos fracasan y no pueden reponer sus préstamos a los bancos y el resto - es la historia repetida de las crisis financieras.

Ahora, si el dinero que va siendo creado corresponde al aumento de la producción y el aumento de la demanda, el rastreo de como viaja el dinero a través de los diferentes productores y consumidores en la sociedad se puede seguir fácilmente con tecnología ya disponible (el "blockchain"). Es esta tecnología, o una muy similar, la que están introduciendo los bancos centrales de diferentes países en forma experimental para ver el efecto que tiene sobre la infraestructura financiera mundial (desafortunadamente, mientras no cambien el sistema de contabilidad de ganancia monetaria, esto no va a resolver los problemas de la inflación y la insostenibilidad del dinero). El equilibrio se logra en el punto donde la saturación de dinero en una sociedad cubre precisamente las necesidades de los estilos de vida de la población. Sin embargo, los estilos van cambiando continuamente y esto requiere también el cambio en la cantidad de dinero circulando. Algunas personas se aburren usando ciertos artículos o consumiendo algunas comidas y cambian sus preferencias a otros proveedores, lo que hace cambiar la circulación del dinero que antes iba a los proveedores previos. Otras personas se ven atraídas por innovaciones en el estilo de vida de la sociedad y requieren más dinero que antes. Contestaremos la pregunta de cuánto dinero es necesario que circule en la sociedad para ser sostenible y cubrir los estilos de vida de la población, más adelante, en la sección de "¿Cuánto Dinero Es Necesario?"

IMPUESTOS

En una economía monetaria donde hay diferenciación de precios, el dinero ocioso es un ingrediente que hay que manejar. Debido al efecto de ondas que hemos visto, el dinero ocioso se empieza a acumular y se hace mandatorio que se recicle para que la economía progrese.

El gobierno tiene una parte importante en el reciclaje del dinero a través de los impuestos, aunque hay un límite sobre la cantidad de impuestos que puede pagar la población después del cual se convierten en un desincentivo a la actividad económica. En una sociedad monetaria libre, los ciudadanos tienen que ofrecen algo a otros ciudadanos para obtener un ingreso. Como este es el mismo dinero que necesita el gobierno para pagar sus deudas con el banco central, es natural que quisiera lo más que pudiera obtener del dinero de los ciudadanos – con gusto lo tomaría todo, pero esto causaría un desincentivo para trabajar y la sociedad se revertiría a la esclavitud con nadie interesado en ganar dinero porque todo se iría al gobierno. Así que el gobierno busca lo más que puede tomar antes de que sea un desincentivo. En algunos países se ha encontrado que entre 30 y 35 % de impuesto directo sobre el ingreso es lo más que la población tolerará. Y esto sólo porque hay promesas de construir caminos, proveer de energía, seguridad, educación, salud, agua, manejo de basura, justicia y desde luego lo militar para proteger de amenazas extranjeras. Todo esto está en el lado positivo, pero también tiene el otro lado negativo que es el miedo de ser castigado por no contribuir con impuestos y ser privado de la libertad.

El problema, como lo hemos visto, es que no importa cuánto se le quite a la población en impuestos, ya sea directamente o indirectamente (por medio de impuestos sobre las ventas o sobre el valor agregado, o sobre bienes de lujo y todos los demás impuestos que se pueden crear), la espiral de los préstamos con interés significa que el monto de los impuestos nunca será suficiente para repagar las deudas contraídas por el gobierno con el banco central.

Aquí sucede un fenómeno interesante. Algunas personas empiezan a culpar al gobierno por su falta de responsabilidad hacia la población y hasta argumentan que las prácticas corruptas desvían el dinero pagado en impuestos a otros fines en lugar de beneficiar a la población con la creación de empleo y programas sociales que atiendan a los necesitados, sin darse cuenta de que los impuestos se están destinando a pagar los intereses de las deudas impagables del gobierno – un movimiento puramente contable, sin ningún beneficio para la población. Sin embargo, desde la perspectiva del gobierno, los impuestos son la menor parte del dinero que recibe, debido a que la mayor parte viene del banco central. Naturalmente, entonces el gobierno culpa a la población de prácticas de evasión de impuestos que no le permiten pagar su deuda con el banco central, lo que le hace necesario refinanciarse e incrementar la deuda aún más. Para que el sistema pueda continuar funcionando se vuelve necesario convencer a la población sobre la necesidad de pagar los impuestos, a través de subterfugios y lemas como "sólo hay dos cosas en la vida que no se pueden evitar – la muerte y los impuestos". Y si el subterfugio no funciona, entonces existe otro lema "el que tiene el poder tiene la razón" y el absurdo embargo o cárcel, haciendo que el incumplido de ninguna manera pueda pagar impuesto alguno. Esto no excusa el hecho de que en efecto haya prácticas corruptas por funcionarios del gobierno y evasión de impuestos de los ciudadanos. Pero, como hemos visto, la causa de la espiral sin fin de la deuda es el sistema financiero. Las culpas pueden ir y venir, obscureciendo la causa real del problema y su no sustentabilidad.

Aun así, al final, es la naturaleza la que tiene el mayor poder para nuestra sobrevivencia. Por ello, veamos cómo debemos vincular nuestra vida social y económica para ser sostenible con la naturaleza.

LA FORMA NATURAL

La Economía, como rama del conocimiento humano, originalmente estaba orientada directamente a la naturaleza y cómo distribuir de la mejor manera los recursos disponibles: la tierra, el agua, las plantas y los animales. Las primeras evidencias de esta actividad formalizada en una sociedad, se han encontrado en diferentes regiones del mundo, y datan de hace 6 mil años. Tomó otros cuantos miles de años para que la economía se mezclara con aspectos monetarios, evidenciado con los escritos de Grecia, el Medio Oriente, China y otras regiones de hace cerca de 3 mil años.

Para ser sostenibles hoy en día, necesitamos regresar al concepto original de la economía directamente relacionado con los recursos del planeta. A diferencia de antaño, actualmente tenemos la gran ventaja de los logros tecnológicos que caracterizan a la vida humana de hoy. Tenemos la capacidad de poder medir en tiempo real los inventarios de animales, plantas y minerales a través de los satélites que orbitan la Tierra. Podemos armar logísticas mundiales para distribuir los recursos de mejor manera con la potencia de las computadoras. La Inteligencia Artificial nos puede ayudar a optimizar la distribución de los recursos a los lugares que sea necesario, según los estilos de vida que se vayan desarrollando a lo largo y ancho del planeta.

El aspecto clave sobre la naturaleza, que es muy obvio hoy, pero tomó generaciones de evolución para convertirse en obvio, es que la naturaleza parece dividirse en dos grandes tipos de materiales: los orgánicos y los inorgánicos. Nosotros humanos evidentemente pertenecemos a los orgánicos, junto con todos los otros seres vivos.

Esta sencilla clasificación de la naturaleza, en orgánicos e inorgánicos, nos puede proporcionar la base para una organización social planetaria sustentable.

Para empezar, debemos reconocer que la esencia de la vida en el planeta es la transformación de lo inorgánico a vida. Esto empieza con el eslabón que se establece con la actividad transformadora de las plantas que convierten lo inorgánico en vida. De ahí se sigue la cadena alimenticia que todos sabemos: los animales vegetarianos que se comen a las plantas, los carnívoros que se comen a los animales vegetarianos y los híbridos que han evolucionado para poder sobrevivir comiendo plantas y animales. La clave, como seres vivos individuales, es poder comer sin ser comido. Esto genera la gran competencia por sobrevivir en la cual los seres humanos hemos podido destacar de entre los otros seres vivos al convertirnos en transformadores maestros de lo disponible naturalmente. Hemos transformado los materiales inorgánicos para crear todo tipo de albergues que nos protegen de las inclemencias del sector inorgánico (tormentas, incendios, terremotos, cambios de clima a través del año de frío o seco a caliente y húmedo, y todo lo demás que lo inorgánico nos impone como retos). Los mismos albergues también nos protegen de los otros seres vivos que nos pueden atacar y comer (carnívoros como tigres, lobos y leones, o bacterias que se introducen en nuestro organismo para alimentarse de nosotros) o aquellos que nos ven como invasores en su territorio y nos quieren destruir para que no les molestemos (osos, toros, búfalos, etc.). Hemos hecho tan buenos logros, que ahora son los demás seres los que se tienen que proteger de nosotros, con gran desventaja.

Sin embargo, en nuestra superación sobre lo inorgánico y los demás orgánicos no nos hemos salvado de la competencia entre humanos para ganar territorio y poder disfrutar de los bienes de la naturaleza a nuestro antojo, sin que otros grupos humanos nos impongan sus formas de vida. Esta competencia nos ha llevado a inventar todo tipo de instrumentos que nos permitan una ventaja sobre otros grupos, desde armamentos cada vez más sofisticados, hasta alianzas en que nos comprometemos a apoyarnos contra grupos que no comparten nuestras ideas de una buena vida, contrastando creencias religiosas, o estructuras sociales como las democracias, con derechos para todos, contra las dictaduras autoritarias que limitan los derechos de los individuos creando desigualdades notorias en el disfrute de la vida.

La evolución de la competencia entre humanos ha transitado desde formar pequeñas aldeas, a villas a ciudades, a naciones y ahora a acuerdos regionales que confrontan unas áreas del planeta con otras.

La competencia ha llegado al punto en que los grupos han evolucionado en super poderes que están buscando la manera de sobreponerse a los otros grupos con su propio concepto de lo que es una buena vida sostenible para el planeta entero. El desenlace todavía es incierto. Pero en este momento de la historia, el sobreponerse por la fuerza a los otros puede tener la consecuencia de terminar con la sobrevivencia de los humanos con su destrucción total (junto con la de muchas otras especies), por lo que la alternativa se ve más como una estrategia de coexistencia.

Como hemos visto, una parte importante en la estrategia de sobrevivencia hoy, es cómo manejar la parte monetaria de la vida. Hasta ahora hemos expuesto como la ganancia monetaria ya no es la mejor solución, porque automáticamente polariza y debilita la estructura social. Así que la nueva estructura debe adaptarse a permitir un mejor estilo de vida para todos los humanos dejando de depender del crecimiento territorial, reconociendo que el espacio del planeta es limitado. Para generar esta nueva estructura podemos empezar por entender el concepto de ganancia natural.

GANANCIA NATURAL

La definición de ganancia puede reducirse a: algo que entra en la existencia que no había antes. Puede ser algo similar o algo totalmente nuevo. Si de un rebaño de ovejas nacen 5 ovejas nuevas, ha habido una ganancia de 5 similares. Si de un equipo de investigadores surge un nuevo aparato para descomponer las moléculas de plástico, entonces tenemos una ganancia de algo totalmente nuevo.

Una característica de la ganancia natural se manifiesta cuando vemos la forma en que se reproducen las plantas. Al comienzo de un periodo, podemos tener una semilla de maíz, y cuando ha terminado su crecimiento y transformación, tendremos una planta que ha producido una mazorca con alrededor de 400 semillas. Hemos obtenido una extraordinaria ganancia natural, de donde teníamos una semilla y ahora tenemos 400. Esta enorme ganancia es indispensable para sobreponerse a las pérdidas naturales debido a ser comidos o descompuestos por otros seres vivos, o por turbulencias inorgánicas que destruyen una gran parte de las semillas (incendios, inundaciones, sequías, derrumbes, etc.).

Nosotros, los humanos, hemos sabido aprovechar esta enorme ganancia natural, desarrollando sistemas de cultivo y almacenaje que aseguran nuestra sobrevivencia ante las actividades desfavorables inorgánicos y también de los ataques de orgánicos nocivos (hongos y bacterias). Y seguimos desarrollando formas cada vez más sofisticadas de garantizar nuestro abasto de nutrientes, por ejemplo, con la reproducción de carne con métodos moleculares. Desde luego, no sabemos con certeza si estos desarrollos en el largo plazo nos puedan perjudicar de formas todavía no anticipadas.

El tiempo ocioso que nos permite el almacenamiento de nutrientes para consumo posterior, nos permite dedicarnos a otras ganancias naturales. Por ejemplo, construir un puente para ahorrar tiempo y esfuerzo de pasar de una montaña a otra, o cruzar un río o lago. Donde antes no había un puente, ahora ya lo hay – una ganancia natural con el esfuerzo humano.

EL LADO OSCURO DE GANANCIA MONETARIA

Regresando a la esfera del dinero, su inserción en la naturaleza ha distorsionado la sobrevivencia de los organismos vivos. Una cuenta bancaria que produce una ganancia de 10% al año genera 1000 dineros adicionales sobre una inversión inicial de 10,000 sin considerar si hay un aumento en ganancias naturales que puedan absorber el dinero adicional. Por sí sólo, y exponencialmente – si se trata de interés compuesto, a medida que pasen los años, el monto de dinero continúa creciendo hacia el infinito, sin considerar que los recursos del planeta se hayan agotado por cambios climatológicos, un exceso de población, o si una guerra acaba con una porción significativa de cuenta-habientes humanos.

El deseo de obtener ganancias monetarias produce comportamientos dañinos que arrasan con la naturaleza: cazando elefantes por sus colmillos de marfil, sobre- pescando para obtener más dinero, desforestando lo más rápido posible para ganar dinero más rápidamente, produciendo gases tóxicos con motores de combustión por sus inmensas ganancias monetarias, préstamos estudiantiles con la promesa de que su educación les permitirá obtener mayores salarios con los que podrán pagar su deuda e interés – en demasiados casos siendo falso después de graduarse, pero amarrados con una deuda esclavizadora de por vida. Todo esto con el dinero como última meta en lugar de la preservación del entorno que permita que los humanos puedan ser satisfechos y felices sosteniblemente. Una alerta fue lo que dijo Henry Ford, fundador de la compañía de automotores Ford, hace casi 100 años: "Está bastante bien que las personas de la nación no entienden nuestro sistema bancario y monetario, porque si lo entendieran creo que habría una revolución al amanecer."

Así entonces, ¿cómo hacer que el sistema mone-tario pueda ser sostenible?

SEGUNDA PARTE

Sostenibilidad:
Abriendo la Puerta

Una vez abierta la puerta, podemos descartar de inmediato una opción fallida que se ha usado una y otra vez, y que consiste en continuar con el sistema actual, con un ligero ajuste en salarios para que los individuos puedan mantener el paso con la inflación. Pero esto ha probado ser una espiral de aumentos en precios que eventualmente se rompe por el crecimiento desigual entre el aumento de los precios y el crecimiento del ingreso personal. El resultado es dispersar la pobreza a mayores sectores de la población.

Entonces, veamos más de cerca, dónde y cómo se puede componer una sociedad monetaria. Para entender el proceso, crearemos una historia simplificada con participantes representativos de las tres actividades económicas de los humanos: primero, aquellos que tienen contacto directo con la naturaleza – el molinero que obtiene los granos de los campos; segundo, el panadero que transforma los materiales naturales en productos; y tercero, el barbero que proporciona un servicio. En lugar del molinero podríamos utilizar un minero, un pescador, un cazador, un leñador o cualquier otra actividad directamente involucrada con la naturaleza. Por el panadero también podríamos tener a una costurera, un herrero, un químico que produce líquidos limpiadores, un artista que crea esculturas, o cualquier otra actividad transformadora. En lugar del barbero podríamos presentar un guía de turismo, un chofer de camión, un mesero de restaurante, un maestro, una abogada o cualquier otro servicio.

Con esta historia evitaremos la complejidad de las transacciones con dinero (las que desenredaremos en la sección de "¿Cuánto dinero es necesario?") y podremos dar el paso a una sociedad monetaria sustentable.

INTRODUCIENDO EL DINERO

Comenzamos en una pequeña aldea poblada por unas familias que viven de la naturaleza que les rodea. Entre los habitantes, tenemos un Molinero, un Panadero y un y un Barbero. Ellos no intercambian nada. Simplemente ofrecen sus productos o servicios cuando se requieran. El Barbero le pide pan al Panadero cada segundo día o cuando le da el antojo. El Panadero le pide al Barbero un corte de pelo cuando siente que le empieza a incomodar, y el Molinero le proporciona harina al Panadero sobre pedido.

Un día llega un visitante quien introduce el uso de dinero. Ofrece pagar al Panadero 5 dineros por una barra de pan, con la promesa de que esos dineros se pueden intercambiar por productos valiosos que sólo se producen en la villa cercana, y le muestra los finos zapatos de diseñador que trae puestos. Luego le ofrece al Barbero otros 5 dineros para que le corte el pelo, haciéndole la misma promesa. Yéndose, se topa con el Molinero quien entabla conversación con el visitante y percibe los zapatos de calidad que trae puestos y le pregunta donde puede conseguir unos para él mismo. El visitante le informa que los puede conseguir en la villa cercana.

El Molinero habla con el Barbero y el Panadero y se da cuenta que tienen dinero que puede ser cambiado por los zapatos. Como los tres quieren un par de esos zapatos, pero el Molinero no tiene dinero, le nace un sentimiento de injusticia. En la tarde del día siguiente, cuando el Panadero le pide un saco de harina, el Molinero le dice que sólo lo puede tener por los 5 dineros que el visitante le dio.

Mientras tanto, el Barbero ha ido hacia la villa vecina para comprar los zapatos con sus 5 dineros. Al llegar, se sorprende al ver la variedad de artículos que no conocía anteriormente: diferentes tipos de pan, muchos estilos de zapatos, ropa, herramientas y otras cosas de maravillarse. Eventualmente encuentra los zapatos que había visto usados por el visitante, pero para su desilusión, resultó que los zapatos necesitaban 6 dineros para ser comprados. Ni con mucho hablar se convenció al vendedor de aceptar los 5 dineros que traía el Barbero. Pero, viendo la desilusión en la cara del Barbero, el vendedor de zapatos le sugirió que pudiera buscar una persona que le proporcionaría el dinero que le faltaba. Sólo tenía que encontrar una persona sentada en una banca cerca del café de la villa.

Preguntando por el camino, el Barbero llega con la persona en la banca. Le explica que necesita un dinero para comprar los zapatos que desea y que fue referido ahí para obtenerlo. El de la banca le dice que ha llegado a la persona apropiada, pero que no le puede regalar el dinero, porque el Barbero no es de la villa. Sin embargo, con gusto le puede prestar el dinero a cambio de una garantía de valor que aseguraría el retorno del préstamo. El Barbero pregunta qué clase de garantía le puede ofrecer. Los ojos experimentados del de la banca ya han detectado el cinturón de suave piel del Barbero, su bolsa de piel resistente para comida y un sombrero de lana. El de la banca le dice que será suficiente con el cinturón de la piel suave, pero que le deberá regresar el dinero antes de terminar la cuarta noche o ejecutará la garantía y el cinturón se subastará. Aquí debe notarse que el préstamo es libre de interés. El Barbero lo medita un momento y decide que, si ha recorrido el camino hasta allí, mejor se sigue al final para obtener los zapatos que tanto deseaba. Le deja su cinturón al de la banca y regresa con el dinero que le faltaba para hacer su compra. Está de suerte y el par que estaba de exhibición le queda perfectamente, así que regresa contento a su casa con los nuevos zapatos.

Tan pronto el Barbero ve al Panadero, le muestra los zapatos y deja que sienta el acabado fino de fabricación. Esto aumenta el deseo del Panadero de tener un par para él mismo. Al despedirse, el Barbero le pide al Panadero que tenga una barra de pan en la mañana. Con la cara descompuesta, el Panadero le informa que no le será posible porque el Molinero rehúsa proveerle de harina a menos que le dé los 5 dineros que le dio el visitante. Pero quiere sus zapatos, aún más, ahora que los ha visto en el Barbero. Esto se convierte en un evento disruptivo en la forma tradicional de vida en la aldea. El Barbero se aleja pensativo. Durante la noche su mente se mantiene activa, juntando los eventos del día. Luego recuerda que necesita un dinero para pagar su préstamo.

Al día siguiente regresa a ver al Panadero y le sugiere que hablen con el Molinero porque quisiera discutir la situación con ellos.

Cuando la vista del Molinero recae en el Barbero, caminando con sus zapatos nuevos, inmediatamente le invade una corriente de roja envidia por todo el cuerpo. Con dificultad se controla para saludar al Panadero y al Barbero y preguntarle sobre su viaje.

El Barbero les cuenta sobre su experiencia, como los zapatos costaron

6 dineros en lugar de 5 y como obtuvo un préstamo para completar la compra. El Barbero no tiene la palabra para identificarlo, pero acaba de ser expuesto a la inflación. Había creído que cuando el visitante le dijo que podía comprar los zapatos con los 5 dineros que le dio, asumió que ese era el costo. Pero luego descubrió que realmente necesitaría 6.

Ahora, ni el Panadero ni el Molinero podrían pagar los zapatos, sin un préstamo, así que su deseo no se podría ver satisfecho. Pero el Barbero todavía necesitaba pagar el dinero que había recibido con la garantía de su cinturón. Así que le ofrece al Panadero hacerle un corte de pelo por 1 dinero. Reflexionando, el Panadero piensa que todavía tendría 4 dineros inútiles. Por lo tanto, acepta la oferta del Barbero y sugiere que vayan juntos a la villa y quizá podría conseguir algo con sus 4 monedas. El Molinero está tan molesto que decide quedarse en la aldea.

Al día siguiente, en la villa, el Barbero y el Panadero acuerdan irse cada quién por su lado a explorar el lugar y reencontrarse más tarde en el día en la panadería, antes de regresar a la aldea. El Barbero va directamente con la persona de la banca y le paga la deuda. Se pone su cinturón y empieza a recorrer las calles mirando las maravillas por todas partes. Se detiene en la vinatería, y mientras está viendo las diferentes variedades de vino a la venta, se le acerca un hombre de su misma talla. El hombre le saluda con cierta intensidad y casi inmediatamente le confiesa que había visto al de la banca con ese cinturón y había querido comprarlo. El de la banca le había dicho que se lo podría vender si el dueño no le pagara el préstamo antes de las siguientes tres noches. Preguntando el precio, el de la banca le había dicho que tenía un valor de 5 dineros. El hombre había prometido regresar al cuarto día en caso de que el dueño no hubiera redimido el cinturón. Pero ahora que vio el cinturón en el Barbero, le preguntó directamente si estaría dispuesto a vendérselo. El Barbero estaba sorprendido porque sólo necesitó 1 dinero para recuperar su cinturón. Pero la idea de tener 5 dineros le daría la oportunidad de hacer otras compras, como los tentadores pastelitos que había visto más temprano en la panadería a 1 dinero y quizá algo de vino de la vinatería. Había hecho el cinturón él mismo, así que estaba seguro de poderse hacer otro. De esta manera estuvo de acuerdo y la transacción se completó.

El Barbero compró el vino por 2 dineros y luego comenzó a caminar de regreso a la panadería. Tomó una calle paralela para explorar mejor la villa y ahí se encontró con una línea de hombres sentados afuera de una tienda y otro hombre saliendo con el pelo bien recortado. Pensó que sería una barbería y les preguntó a los hombres en la fila, quienes lo confirmaron. Entonces les dijo que él también era barbero. Los hombres al final de la línea le preguntaron cautelosamente si les podría cortar el pelo en lugar de tener que esperar para su turno. Les preguntó cuánto le pagarían y le dijeron que el barbero les cobraba 3 dineros. En la fila había 6 hombres lo que significaba 18 dineros. Desafortunadamente, les dijo, que no traía su equipo consigo, pero que podría atenderlos al día siguiente. Tres de los hombres decidieron irse para hacer otras cosas y quedaron de verlo al día siguiente. Acordaron verse al mediodía a dos calles, en la casa de uno de los hombres que tenía un lugar donde podría hacer sus cortes el Barbero. El Barbero se sintió muy contento y siguió su camino hacia la panadería. En otra tienda vio un abrigo pesado que pensó le sería útil para el invierno siguiente. Preguntando el precio, estaba ofrecido en 12 dineros. El Barbero pensó que podría comprarlo con los 3 dineros que le quedaban después de comprar el vino, más los 9 dineros que podría obtener de los cortes del día siguiente. Finalmente llegó a la panadería donde encontró al Panadero emocionado probando nuevos tipos de panes. Había gastado todo su dinero en las diferentes variedades en exhibición. Intercambiaron sus experiencias y el Barbero le compartió vino y el Panadero compartió de sus panes.

En el camino de regreso empezaron a pensar en cómo podrían hacer más tipos de panes y cuanto podría obtener el Barbero cortando pelo.

El Barbero regresó a la villa el día siguiente para arreglar el pelo de los hombres que lo estarían esperando.

El cuarto era pequeño, pero permitía que el Barbero arreglara el pelo de uno mientras otro esperaba adentro y otro más esperaba en la puerta. Dentro de poco, la palabra se corrió y dos hombres más se unieron a la fila. Ese día el Barbero tuvo 8 clientes y juntó 21 dineros (le había cortado el pelo al que le prestó el cuarto sin cobrarle), lo que era más que suficiente para comprar el abrigo que había visto. De repente vio un futuro brillante en la villa, con la posibilidad de tener muchas cosas que le darían mucha más satisfacción material de la que tenía en la aldea. Esa tarde, mientras regresaba, decidió que encontraría un lugar en la villa para establecer su barbería y un lugar para vivir con su familia.

Le tomó varias semanas, pero finalmente logró el movimiento y la aldea se quedó sin un barbero. Siguiendo su ejemplo, el Panadero también decidió moverse, y la aldea se quedó sin panadero. El Molinero tardó un poco más, pero finalmente vio que también él podría vivir mejor en la villa. La aldea había perdido tres personas hábiles y la satisfacción de los habitantes se redujo en la calidad de sus servicios, teniendo que contentarse con aprendices de los servicios perdidos.

En la villa todo funcionaba muy bien, y la gente continuamente mejoraban su estilo de vida con innovaciones en comida, mejores ropas, más viviendas y más servicios.

La pregunta es, ¿de dónde venía el dinero que permitía el crecimiento de las transacciones en la villa? La respuesta inmediata es que la persona de la banca era la encargada de producir y emitir el dinero de la villa. ¿Pero, cómo empezó su actividad?

¿QUIÉN HACE EL DINERO?

Regresemos a la aldea al momento en que se introdujo el dinero a su economía. Hasta ese momento, productos y servicios se compartían basados en la confianza personal y buena voluntad. La vida era estable y confortable. Cualquier disturbio era causado por los caprichos de la naturaleza, que podría proveer más o menos de ciertos productos, dependiendo mayormente de condiciones climáticas. Algunos años, los granos que podían convertirse en harina por el Molinero, eran más llenos que en otros años, y esto afectaba la cantidad del pan que podía producir el Panadero. En algunos años los animales eran más escasos y su piel era más difícil de obtener para hacer cinturones, bolsas y artículos de ropa. O una enfermedad atacaba a los pollos y los huevos escaseaban. Aún así, siendo una población pequeña, lo que hubiera disponible se podría compartir más o menos justamente.

Tan pronto el dinero apareció a través del visitante, la producción de pan se detuvo porque el Molinero no tenía dinero, contrario al Barbero y el Panadero.

En este punto, el Molinero podría haber comentado con los otros aldeanos como se sentía mal, no teniendo los 5 dineros que habían recibido el Panadero y el Barbero, para comprar los finos zapatos. Añadió que el Panadero no quiso darle el dinero de la villa a cambio de la harina. En este escenario, una persona con imaginación podría haber sugerido una solución sencilla: ¿por qué el Molinero no hacía su propio dinero? El Molinero pensó que, si el visitante había podido darles un pedazo de dinero de la nada, él también podría darles un pedazo de dinero. Así que le pidió a la persona que hizo la sugerencia que le pudiera hacer 5 dineros. De repente, la aldea tenía un emisor de dinero, similar al hombre de la banca en la villa. (Esta es la versión ficticia de cómo el dinero puede comenzar a circular en una sociedad – la historia verdadera de cómo el papel se hizo dinero para las sociedades se cree que surgió en la Edad Media con los orfebres de oro – como lo veremos más adelante en mayor detalle). El Molinero entonces fue con el Panadero y le dijo que le daría 5 dineros nuevos para que pudiera comprar la harina, que era básicamente la misma situación que el visitante había hecho para los zapatos. Era algo absurdo, recibir sólo para devolver, pero el Panadero necesitaba la harina, así que le siguió el juego al Molinero. Ahora le podía decir al Barbero que estaba listo para hacer su pan, pero como iba a necesitar más dinero para pagarle al Molinero cuando necesitara más harina, tendría que cobrarle al Barbero 5 dineros por su pan. Cuando el Molinero necesitara un corte de pelo, le podría pagar al Barbero con los 5 dineros que recibió del Panadero, y luego ese mismo dinero podría usarlo el Barbero para pagarle al Panadero por su pan. El dinero circularía infinitamente (del Panadero al Molinero – Molinero al Barbero – Barbero al Panadero – de vuelta, Panadero al Molinero). En la práctica, pronto esto se consideraría un desperdicio, ya que el sistema viejo sin dinero sería lo mismo. Al principio, el dinero parecía una buena idea, pero no añadía nada de utilidad a la comunidad, sólo hacía más engorroso el intercambio porque tenían que esperar a que circulara el pedazo de dinero, lo que antes no era necesario. Y el Barbero tendría que esperar a que el Molinero quisiera cortarse el pelo para poder comprar su pan. Así que el uso de ese dinero se descontinuaría ya que era insostenible por naturaleza, por no añadir nada de valor a las satisfacciones de los aldeanos. Debe notarse importantemente, que el precio de los servicios de cada persona costaba lo mismo. No había inflación todavía. La única diferencia sería que el Panadero y el Barbero tendrían 5 dineros de la villa, inservibles en la aldea.

Cualquiera podría haberse convertido en el emisor de dinero en la aldea. Fue simplemente asunto de destino que alguien con imaginación pudiera pensar en la idea y fuera patrocinado por alguien más. Si vemos los libros de historia, el resultado no fue tanto el destino como la evolución del comercio, como lo veremos próximamente.

LA INFLACIÓN POR DIFERENCIACIÓN EN PRECIOS

Después de haber introducido el dinero a la aldea, y de que haya circulado la primera ronda entre los tres principales personajes, el Molinero decidió que su servicio requería más esfuerzo que el que se necesitaba para cortar el pelo o para hornear el pan. Por lo tanto, decidió darle 3 dineros más al Panadero para que le comprara la harina a 8 dineros. El Panadero quedó sorprendido y pensó que era absurdo seguir recibiendo algo sólo para regresarlo. Pero, como necesitaba la harina para hacerle la barra de pan al Barbero, no le dio mayor pensamiento y entregó los cinco dineros anteriores a los que les agregó los 3 nuevos dineros al Molinero. Sin preverlo, el Molinero había creado la primera disrupción mortal en la aldea y la inflación había mostrado su cara brevemente.

La próxima vez que el Molinero quiso un corte de pelo, le dio los viejos 5 dineros al Barbero. Al ir por su pan, el Barbero le dio los 5 dineros al Panadero. En ese momento le vino a la mente del Panadero que no podría comprar más harina porque ahora el Molinero le pediría 8 dineros. Este fue el momento clave en que la inflación mostró todo su ser. Le comentó al Barbero su problema. La producción de pan se volvería a detener, lo mismo que antes cuando el Molinero no tenía dinero de la villa. Meditaron y discutieron el asunto y finalmente llegaron a la única conclusión práctica que se les ocurrió en el momento. Irían con el emisor de dinero y le pedirían que les hiciera otros 3 dineros para poder comprar la harina. El emisor de dinero se sintió algo irritado de tener que dedicarle más tiempo para hacer el dinero pedido, lo cual no era difícil, sólo tomaba unos minutos, pero estaba fuera de sus actividades acostumbradas y comenzaba a ser una molestia ya que el Molinero acababa recientemente de pedirle otros 3 dineros.

Al día siguiente, el Panadero fue con el Molinero y le pidió la harina. Como era de esperarse, le dijo que el costo era de 8 dineros. El Panadero se los dio y el Molinero estuvo muy contento. Ese mismo día, el Molinero fue con el Barbero para un corte de pelo. Como antes, le pagó 5 dineros. Pero ahora el Barbero le dijo que quería 8 dineros por el corte porque era lo que necesitaba para comprar su pan del Panadero quien, a su vez, necesitaría ese dinero para comprar la harina. La inflación estaba en pleno funcionamiento. El Molinero se alteró y le dijo que el corte no valía los 8 dineros porque era menos esfuerzo que moler el grano para obtener la harina y que sólo le daría los 5 dineros. La discusión se convirtió en una confrontación y finalmente el Barbero, enojadamente, le informó al Molinero que ya no le volvería a cortar el pelo.

El Barbero fue a ver al Panadero y le contó lo que había sucedido. Ahora sólo tenían 5 dineros para comprar la harina ya que el Molinero se había quedado con los otros 3. La única manera de obtener los 8 que el Molinero ahora pedía era volver una vez más con el emisor de dinero. Pero éste no estuvo contento al ser molestado nuevamente y les dijo que haría ese dinero, pero no más.

El Barbero y el Panadero discutieron la situación. Podrían hacer una última compra, pero luego el Panadero tendría que dejar de producir pan. El Molinero habría acumulado 6 dineros adicionales de la aldea más las 5 iniciales. Así, ahora el Molinero sería la persona más rica de la aldea, pero nadie podría comprar su harina, por su diferenciación de precio. La inflación habría hecho su trabajo y el uso de dinero habría dañado el nivel de vida de la aldea. No más pan para el Barbero y no más cortes de pelo para el Molinero.

Esta forma de manejar el dinero lo hace insostenible.

Pero, un momento, hay algo más que se debe considerar.

COMERCIO REGIONAL

El Barbero y el Panadero vieron que después de la siguiente ronda estarían acabados. Todo su dinero de la aldea sería poseído por el Molinero. Entonces recordaron que, en este escenario, todavía tenían 5 dineros de la villa, cada quién.

Después de pensarlo bien, lograron tener un plan. Irían a la villa en busca del molinero local y ver si le podían comprar la harina con sus 10 dineros. Luego pensaron que sería repetir la misma solución momentánea, porque después de eso ya no tendrían dinero, ni de la villa ni de la aldea. Así que irían a buscar al Molinero de la villa, pero también explorarían a quién le podrían vender artículos de la aldea para obtener más dinero de la villa y poder seguir comprándole harina al nuevo molinero.

Ejecutando su plan, encontraron al molinero y arreglaron comprarle la harina por 6 dineros. Todavía les quedaban 4.

Caminaron por las calles y llegaron al café. El olor era tentador y entraron. Preguntaron cuánto costarían dos cafés. El precio era un dinero cada uno. Mientras esperaban, el Panadero observó un rollo de pan similar a los que él hacía en la aldea. Cuando servían el café, preguntó cuánto sería por el rollo. El dueño del café les dijo que también era un dinero por rollo, así que pidieron dos. El dueño se disculpó, porque sólo le quedaba uno, que se le acababan continuamente. El Panadero le comentó que él los hacía para la aldea, y si le interesaría al dueño podría venderle algunos rollos extra a él. El dueño le dijo que sí, que los compraba a dos rollos por un dinero en la panadería local. El Panadero le preguntó cuántos rollos quisiera que le hiciera. El dueño respondió que una docena para empezar sería suficiente. Eso serían 6 dineros con los que el Panadero podría comprar más harina y le sobraría para la aldea también.

Una vez que el Panadero empezó a vender sus rollos en la cafetería, los clientes que llegaban más tarde y generalmente se quedaban sin rollos, ahora estaban curiosos para saber cómo se surtían los nuevos rollos. Esto generó interés en la aldea y los de la villa empezaron a visitar la aldea, deseando comprar los productos y artesanías.

El Molinero, que sólo tenía dinero de la aldea y no de la villa, al ver el influjo de los de la villa, inmediatamente fue a hablar con el emisor de dinero. Entre los dos llegaron a la idea de acordar con todos que sólo se pudiera usar dinero de la aldea para comprar artículos de la aldea. De esta manera los de la villa no podrían comprar nada con el dinero que trajeran. Los de la villa que quisieran hacer alguna compra tendrían que ir con el emisor de dinero de la aldea para que les proporcionara el dinero de la aldea, de acuerdo con lo que querían comprar.

Pronto los habitantes de la aldea estarían acumulando diferentes cantidades de dinero, debido a las preferencias de los de la villa. El sastre podría estar vendiendo tres piezas de ropa a la semana, mientras que el cestero podría vender 5 canastas y el granjero podría vender 20 huevos y dos gallinas. Al principio, todos los artículos se venderían al mismo precio. Sin embargo, al poco tiempo, las personas de la aldea verían que no todo se podría vender al mismo precio. Hacer una prenda de ropa podría exigir más tiempo y esfuerzo que hacer una canasta o recoger unos huevos. También, las cantidades que compraban los de la villa eran diferentes cada semana y las necesidades propias de los aldeanos no eran igual para todos. El sastre podía comprar 5 huevos a la semana mientras que el cestero compraba 8. Además, dependiendo de las compras de los de la villa, el sastre podría estar recibiendo menos dinero de lo que necesitaba para su estilo de vida, mientras que el cestero y el granjero podrían estar recibiendo más dinero de lo que necesitaban para sus compras personales. Pronto tendrían un exceso acumulado de dinero de la aldea.

Discutiendo la situación entre el Molinero y el emisor de dinero, recordaron que sólo el Barbero y el Panadero habían podido comprar cosas de la villa con el dinero de la villa que les había dejado el visitante. El emisor de dinero entonces propuso que, en lugar de simplemente darles dinero de la aldea a los visitantes, se los cambiaría por dinero de la villa, a una equivalencia de uno a uno. El emisor de dinero tenía bastante dinero de la villa por las compras que hacían en la aldea y que les había cambiado por dinero local. Con esto le podía ofrecer a los aldeanos que les cambiaría sus excesos de dinero de la aldea por dinero de la villa y podrían ir a comprar artículos a la villa. Todos estuvieron de acuerdo en que era una buena idea. El resultado fue una intensificación de comercio en la región.

La clave de esta prosperidad era el balance que se podía mantener entre la emisión de dinero y las necesidades o deseos de ambas poblaciones. Los emisores de dinero, el de la aldea y el de la banca de la villa, podían emitirse la cantidad de dinero que necesitaban para sus propias necesidades personales, dentro de las posibilidades de producción de las poblaciones.

Una alternativa a este escenario podría haber sido que cuando el emisor de dinero de la aldea se hartó de estar haciendo el dinero de la aldea, habría que haber esperado a que los de la villa hicieran sus compras en la aldea con dinero de la villa. Los que recibían ese dinero podían ir a la villa a hacer sus compras. Sólo habría un tipo de dinero para ambas poblaciones. Esto funcionaría muy bien y a medida que más dinero de la villa llegara a la aldea, pronto los aldeanos estarían utilizando ese dinero para compras entre ellos mismos. El único emisor de dinero sería el de la banca de la villa, y la proporción de dinero emitido y las necesidades de la población se mantendría en balance, limitándose a emitir más dinero sólo cuando nuevos productos o nuevas personas se incorporarían al comercio entre la villa y la aldea.

LA FALLA EN LA PROSPERIDAD REGIONAL

Diferencias en la eficiencia en la manufactura al utilizar los recursos necesarios, con diferentes grados de desperdicios de materiales y tiempo, y en la efectividad de los artículos finales para satisfacer los deseos y necesidades de los compradores, harían algunos artículos más preferidos que otros, hechos por diferentes personas. Por ejemplo, una podadora de césped: Guillermo hace podadoras más eficientemente con menos desperdicio y en menos tiempo que Tomás, pero con una duración más corta que las de Tomás, que duran el doble. Roberto también hace podadoras, pero gasta más material y tiene una duración media entre las de Guillermo y Tomás.

Esto llevaría a una diferenciación de precios, mayor para los artículos de Roberto (por los costos más altos debido al desperdicio de material) y menos para las de Tomás y Guillermo, que serían más preferidas. El resultado sería un estilo de vida mejorado para los productores de los mejores artículos y una reducción comparativa en el estilo de vida de los productores de artículos menos preferidos. Esto genera una polarización en la sociedad, entre los que van teniendo acceso a los productos de mejor calidad y los que no pueden obtenerlos. Esto también lleva a una especialización en la producción de ciertos artículos en las que las mejores prácticas de fabricación les generan mayor demanda. Si las mejores prácticas se diseminaran a través de la población, sin una diferenciación de precios, entonces el nivel absoluto de satisfacción y bienestar se elevaría para todos. De otra manera, con precios diferenciados, se genera la competencia por personas que quieren obtener el ingreso extra al mejorar su eficiencia, o su eficacia, o ambas, de sus propios servicios, sin compartir sus mejoras. Este esfuerzo adicional, al no compartir las mejoras, genera una movilidad social de una esfera a otra. Pero aquellos que no hacen el esfuerzo de mejorar sus habilidades para producir artículos, se van relegando a un estilo de vida menos satisfactorio con productos y servicios de menor calidad. Esto también sería el caso de aquellos que hicieran el esfuerzo y aun así sus habilidades no fueran adecuadas para mejorar la calidad de sus productos o servicios. Esta es la falla natural que lleva a la perpetuidad de la inigualdad social, bajo el sistema de diferenciación de precios del dinero. ¿Puede esto ser cambiado con un sistema diferente? Lo veremos …

INNOVACIÓN

Un componente importante de la prosperidad de la región es la innovación: mejores formas de cultivar las cosechas, de cuidar los animales, de preparar comida, de convertir fibras en ropas, mejorar las herramientas y crear nuevos servicios expertos.

Consideremos una economía estable en la cual la demanda y oferta de productos y servicios ha llegado a un balance para satisfacer exactamente lo que necesita la población, y todos están satisfechos con su estilo de vida. Ahora, se logra la mejora de una herramienta, por ejemplo, tijeras eléctricas para cortes más precisos y en menos tiempo para el Barbero. Con esto se substituirían las herramientas anteriores que ya no se ofrecerían, y se mantendrían los mismos precios. Entonces no habría un efecto monetario. Sería una mejoría en el servicio del Barbero, quien les haría mejores cortes a sus clientes y todos vivirían más felices. Habría una nueva mejor práctica integrada a la población, pero el costo monetario no cambiaría y la población en general vivirían un grado mayor de bienestar debido a un mejor servicio.

Si de otra forma, la electricidad requerida para la nueva herramienta tuviera un costo de instalación más un costo adicional para asegurar el surtido de electricidad para la herramienta, entonces el Barbero necesita cobrar un precio mayor para continuar proporcionando su servicio. Esto querrá decir que cada cliente necesita aumentar sus precios para mantener su estilo de vida, empezando una inflación generalizada. Una vez que todos hayan ajustado sus precios, habría un nuevo nivel de gasto y todo seguiría igual que antes.

Pero no es así. Esto sólo puede ser sostenible si el dinero necesario para pagar la nueva electricidad se le da directamente al Barbero para que pueda seguir cobrando al mismo precio que antes. El dinero requerido para construir la infraestructura eléctrica ya ha sido cubierto y sólo es el precio del mantenimiento el que se necesita pagar por el Barbero y cualquier otra persona que necesite electricidad en la sociedad. Todas las personas involucradas en la fase de construcción de la infraestructura ya han recibido lo que les correspondía, incluyendo a los ingenieros, trabajadores y proveedores.

Si el Barbero no recibe una infusión de dinero fresco para pagar por la electricidad, entonces se genera un efecto de ondas expansivas que comienzan con el aumento de precio del corte de pelo del Barbero. Esto es seguido por el aumento de precios de sus clientes tienen que hacer por sus servicios o productos para evitar que su estilo de vida empiece a rebajarse. Por ejemplo, el granjero que tiene que pagar un mayor precio al Barbero, tendrá que aumentar el precio de sus gallinas y de los huevos que ponen. La siguiente esfera que compra de los clientes del Barbero, también tendrán que aumentar sus precios, por ejemplo, el sastre que consume huevos en su desayuno. Una cosa importante que se tiene que considerar aquí es el tiempo de consumo. Si el tiempo en que el sastre compra los huevos es mayor al tiempo en que el granjero necesita un corte de pelo, entonces este último tendrá que posponer su corte de pelo o tendrá que reducir sus compras de otros proveedores, quienes a su vez no tendrán el dinero necesario para pagar sus cortes al Barbero, ni de los artículos de otros productores que ya hayan tenido que subir sus precios. El estilo de vida de los productores en los niveles más básicos empieza a disminuir en satisfacción.

Ahora, supongamos que el Barbero no alce el precio de sus servicios, pero necesita pagar más para poder seguir ofreciendo los cortes de pelo. El dinero extra que necesita destinar para cubrir el mayor costo de proveer sus cortes tendrá que ser tomado de sus otros gastos - tendrá que comprar menos huevos, o menos pan. Y de quienquiera que reduzca sus compras tendrá una reducción en sus recursos monetarios y a su vez tendrá que reducir sus compras de alguien más. Esto creará una reducción generalizada en el estilo de vida con menos satisfacción y menos felicidad para toda la población. El resultado de la mejora forma de cortar el pelo, con las tijeras eléctricas, debido al aumento en su costo monetario, produce exactamente lo opuesto, un empobrecimiento generalizado.

Hemos visto diferentes maneras de incluir dinero en la vida de una población, y sólo una es casi inocua: cuando la circulación de dinero se hace con una infusión para nuevos productos o servicios, manteniendo los precios de todos los demás artículos.

Ahora volvamos nuestra atención hacia la cantidad de dinero que necesita una sociedad para cubrir sus estilos de vida.

¿CUÁNTO DINERO ES NECESARIO?

En el sistema financiero actual, el monto de dinero que se necesita poner en circulación es un cálculo estimado que es sujeto a las políticas monetarias del banco central. Esto no está basado en las necesidades reales de dinero para intercambiar productos y servicios en el mundo, sino del deseo de estimular o contraer las economías mayormente con motivos políticos. Esto es una estrategia de empuje que inyecta dinero a la economía, usando la palanca de la tasa de interés. La hipótesis establece que tasas más altas de interés hacen que sea menos atractivo pedir dinero prestado y por lo tanto se pone menos dinero en circulación. Sin embargo, hemos visto que intereses más altos realmente aumenta la cantidad de dinero necesaria para llevar a cabo el mismo número de transacciones. Tasas de interés más bajas se supone que estimularían el deseo de más dinero para expandir negocios, pero de hecho sólo hace más lento el ritmo de la inflación mortal. En cualquiera de estas dos modalidades, aumentar o reducir tasas de interés, se está empleando una estrategia de empujar dinero a la economía, más rápido o más lento, pero de todas maneras empujando dinero a la economía. De otra manera, la estrategia opuesta es la de jalar, que se acerca más a las necesidades reales de la economía, en la que se produce dinero sólo en relación a nuevos productos o demanda adicional de una población creciente: se jala dinero a la circulación.

Regresemos a nuestro modelo simplificado con cuatro participantes que representan los flujos de actividad económica en el sistema monetario de su población y ver cuánto dinero se necesita para sostener sus estilos de vida:

- El Emisor de Dinero (Banco Central)
- Molinero (primer contacto con la naturaleza)
- Panadero (transformación, industrialización de materias primas)
- Barbero (sector de servicios)

Para ser sostenible, este arreglo requiere un ejercicio de contabilidad preciso: quien ha pedido dinero, para quien está destinado y cuándo se requiere. Esto define el estilo de vida de cada persona. Es importante notar que el dinero es utilizado únicamente como una ficha de intercambio para ver con claridad el flujo del dinero. Veamos un ejemplo con los siguientes estilos de vida:

El Panadero necesita una afeitada del Barbero una vez a la semana en viernes.

El Panadero necesita harina del Molinero todos los días de lunes a jueves. El viernes no necesita harina y el sábado necesita el doble.

El Barbero necesita una barra de pan el lunes, miércoles y sábado.

El Molinero necesita una barra de pan el martes, jueves y sábado.

El Molinero necesita afeitarse el lunes y el viernes.

La siguiente tabla resume como se satisfacen las necesidades del estilo de vida de cada participante:

	Lunes	Martes	Miércoles	Jueves	Viernes	Sábado
El Panadero hace pan para ->	Barbero	Molinero	Barbero	Molinero		Barbero Molinero
El Barbero afeita al ->	Molinero				Molinero Panadero	
El Molinero provee de harina al ->	Panadero	Panadero	Panadero	Panadero		Panadero Panadero

Convirtiendo la tabla anterior a dinero, tenemos el siguiente resultado en donde se necesitaron 15 dineros durante la semana:

	$ + (Recibió)	$ - (Pagó)	$ Balance Total
Panadero	6	6	0
Barbero	3	3	0
Molinero	6	5	1

Hasta aquí podemos ver que al final de la semana el Molinero tiene un dinero extra que no ha usado. Hubo quince transacciones por quince dineros, los que pagaron y recibieron o sobró. Por lo tanto, uno podría estar inclinado a pensar que la economía hubiera necesitado 15 dineros para operar. Pero cuando consideramos el estilo de vida de los participantes, el emisor de dinero tendría que haber emitido el dinero de otra manera y necesitaría emitir mucho menos dinero. ¿Cuánto dinero realmente se necesita poner en circulación para mantener los estilos de vida de esta población?

Para empezar, el Emisor de Dinero necesita darle al Panadero un dinero el domingo para que pueda pagarle al Molinero la harina del lunes.

El Molinero recibe el dinero del Panadero el lunes y así puede pagar al Barbero, quien puede pagar ahora al Panadero. Así el Panadero ahora tiene dinero para pagar la harina del día siguiente.

El martes el Panadero usa el dinero del día anterior para pagarle al Molinero. El Molinero, a su vez, le regresará el dinero para pagar el pan al Panadero, quien ahora tiene dinero para la compra del día siguiente. El Emisor de Dinero no ha tenido que emitir ningún dinero.

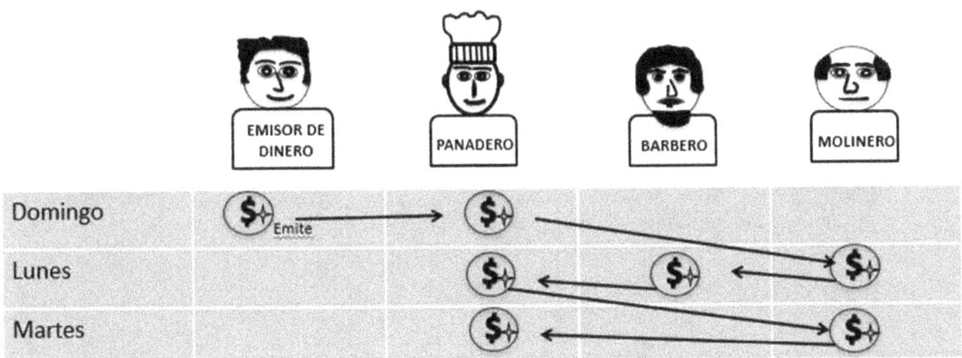

El miércoles, el Panadero le paga la harina al Molinero, quien lo guardará como dinero ocioso. Este día, el Barbero necesitaría un dinero del Emisor de Dinero (línea espaciada en las siguientes figuras) para pagarle al Panadero, quien ahora tendrá lo necesario para comprar la harina del día siguiente.

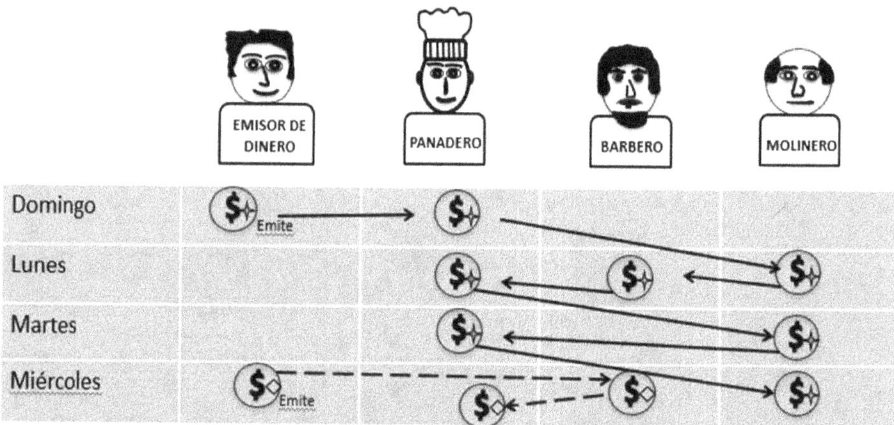

El jueves, el Panadero puede usar su dinero para pagarle al Molinero, quien se lo regresa para pagarle su pan. El Molinero todavía tendría un dinero Sobrante.

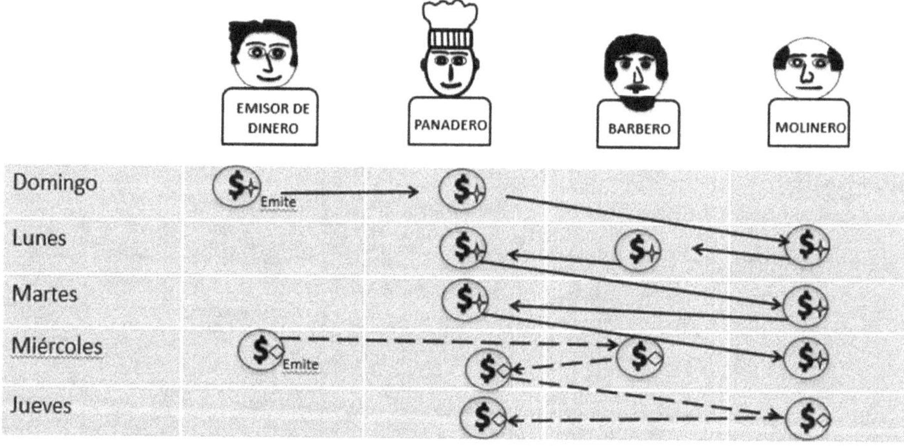

Para el viernes, el Panadero puede usar su dinero para pagarle al Barbero y el Molinero también puede usar el suyo para pagar al Barbero. Ahora el Barbero tiene2 dineros, el Molinero y el Panadero ninguno.

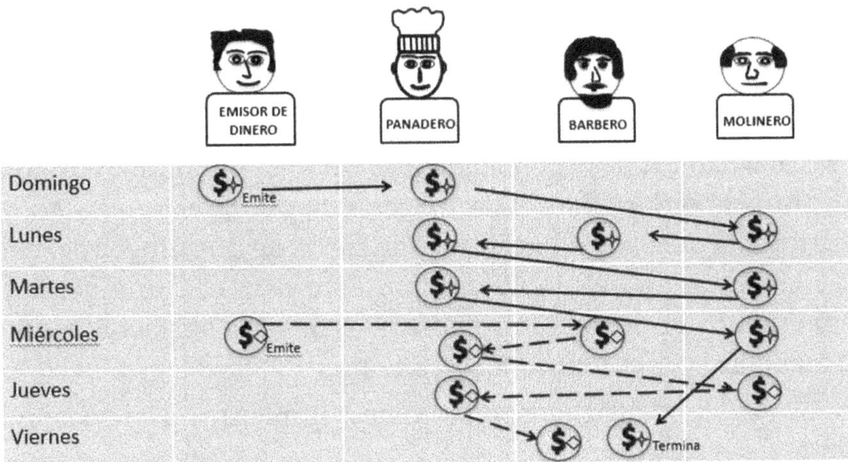

Llegando el sábado, El Panadero necesita 2 dineros del Emisor para pagarle al Molinero para preparar el doble de pan línea con rayas pequeñas y línea de rayas y puntos en la siguiente figura. El Barbero le pagaría al Panadero y todavía le quedaría un dinero. El Molinero le regresaría su dinero al Panadero para pagar su pan. Así el Panadero tendría dos dineros para empezar la siguiente semana en lunes.

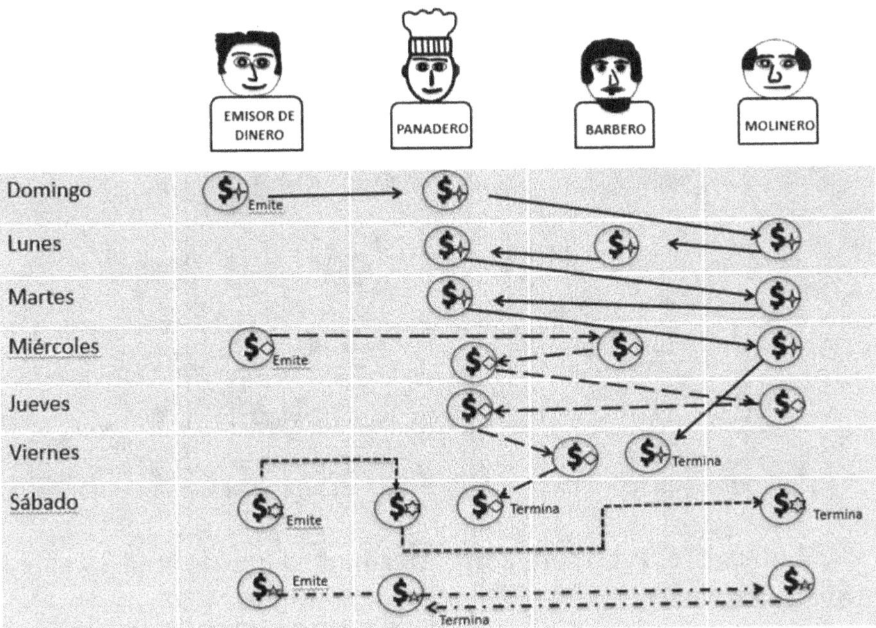

Cuando vemos el total del dinero que se tuvo que emitir para las 15 transacciones, podríamos sorprendernos al ver que el Emisor sólo necesitó emitir 4 dineros. Al final de la semana, estos serían dineros ociosos, 2 en las manos del Panadero, uno con el Molinero y uno con el Barbero.

Si los hábitos de la población no cambian, durante los próximos ciclos el Emisor solo tendría que estar inyectando un dinero en las transacciones para cubrir la necesidad extra del Panadero de dos dineros el sábado para cubrir la demanda del doble de pan. Esto causaría una acumulación de dinero en el cofre del Molinero, mismo que sería ocioso. El siguiente ciclo hace más claro ver la acumulación de dinero.

El Panadero, Barbero y Molinero empiezan el ciclo con el dinero sobrante del ciclo anterior.

El lunes, el Panadero compra la harina del Molinero. Éste le paga al Barbero para su corte y el Barbero le paga al Panadero.

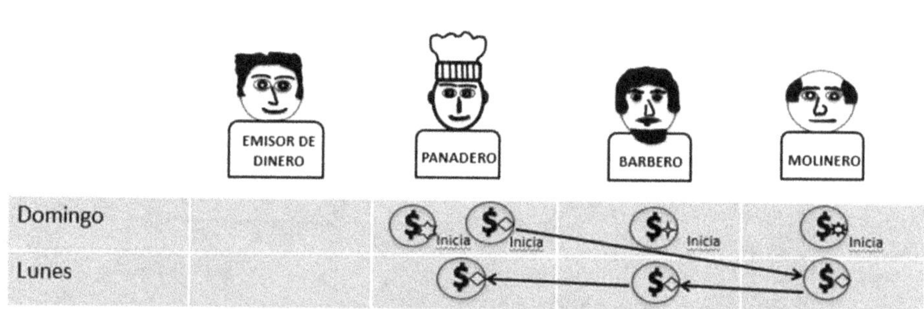

El martes, el Panadero compra la harina del Molinero y este le paga su pan al Panadero.

SIGUIENTE CICLO

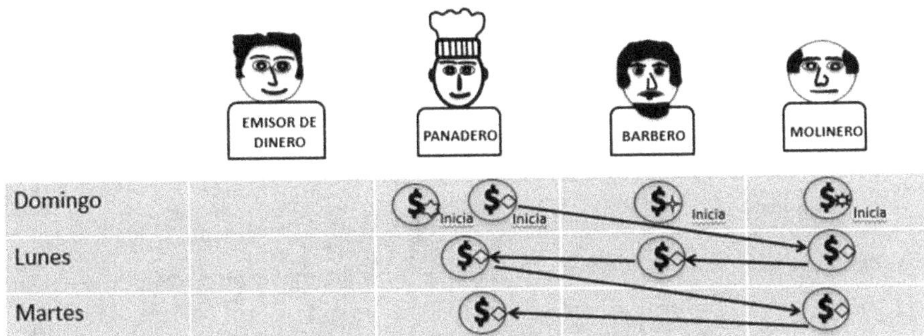

El Panadero, el miércoles, hace su compra usual de harina al Molinero. El Barbero ahora usa el dinero que le quedó del ciclo pasado para comprarle su pan al Panadero.

SIGUIENTE CICLO

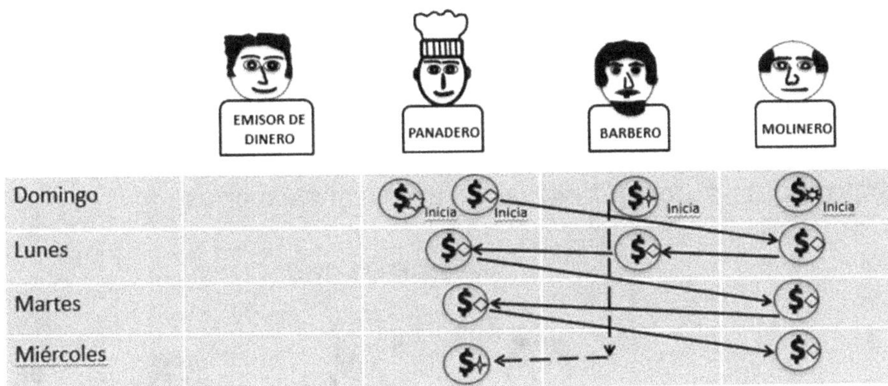

El jueves, el Panadero vuelve a hacer su compra normal de harina, y el Molinero le regresa el dinero como antes para comprar su pan.

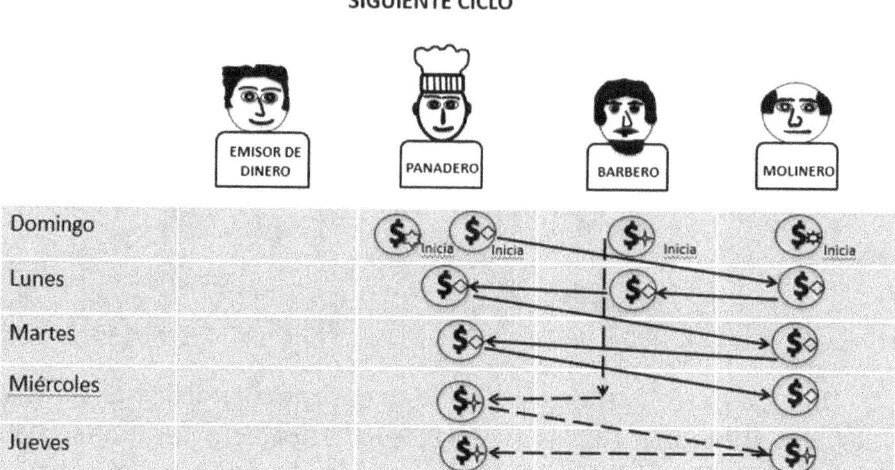

El viernes es día de cortes para el Molinero y el Panadero. Cada uno paga al Barbero con el dinero que han recibido. Ambos todavía tienen dinero extra sobrado del ciclo anterior. El Barbero ahora tiene dos dineros, el Molinero y el Panadero ambos tienen un dinero. El Emisor no ha tenido que proporcionar dinero adicional para las transacciones.

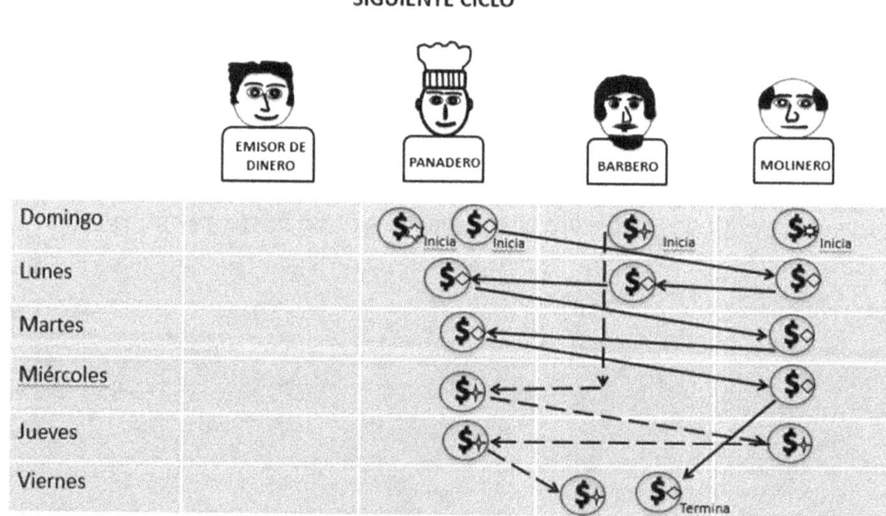

El problema viene el sábado, cuando el Panadero necesita dos dineros para comprar la harina que necesita. Así que, el Emisor le necesita emitir un dinero. El Molinero puede usar el dinero que le quedó del primer ciclo para pagar su pan del sábado, y recibe dos dineros del Panadero para la harina del día. El Barbero usa uno de sus dineros para pagar su pan y le queda uno para empezar el siguiente ciclo. El Panadero termina el ciclo con dos dineros, igual que en el ciclo anterior. Al final de este nuevo ciclo, el Molinero termina con dos dineros en lugar de uno. Cada ciclo adicional le seguirá añadiendo un dinero al Molinero.

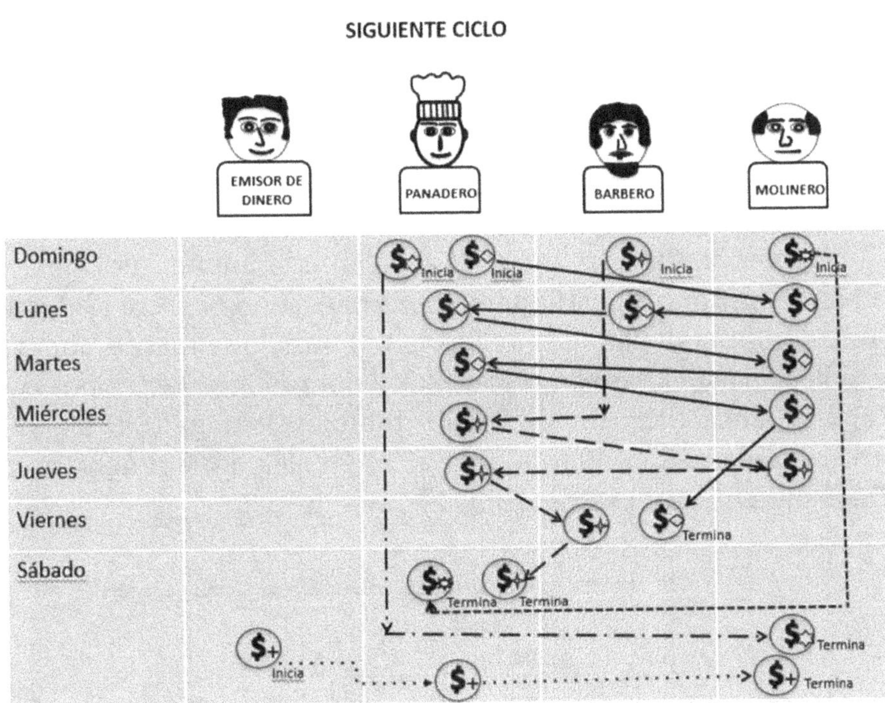

Sin embargo, la acumulación innecesaria de dinero podría detenerse si todos los dineros sobrantes al final del periodo se regresaran al Emisor. Entonces cada semana podría empezar de la misma forma y el Sistema podría continuar indefinidamente.

CUANDO EL EMISOR DE DINERO PAGA COMO CLIENTE

Ahora veamos como las cosas cambian cuando el Emisor de Dinero, quien es un proveedor de servicio – igual que el Barbero, se vuelve un consumidor más dentro de la población: compra pan los lunes y los viernes; se corta el pelo los lunes, jueves y sábados.

De nuevo, para empezar las cosas, el Emisor de Dinero necesita darle dinero al Panadero para comprar la harina del Molinero. Pero esta vez necesita proporcionarle dos dineros porque el Barbero y él mismo quieren pan el lunes.

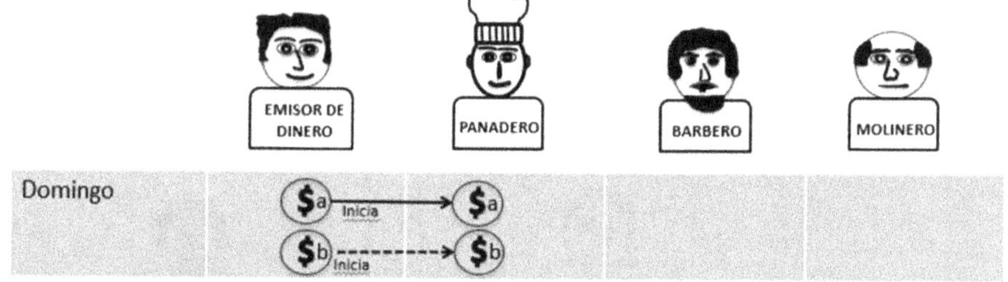

Lunes: el Panadero paga ($a) y ($b) al Molinero por doble cantidad de harina. Entonces el Molinero puede pagarle al Barbero ($a), quien ahora puede comprar su pan del Panadero ($a). Adicionalmente, ahora el Emisor de Dinero paga al Panadero con ($c). Ahora el Panadero tiene dos dineros ($a) and ($c). El Emisor de Dinero también le paga ($d) por un corte al Barbero, quien se lo guarda para el miércoles. El Molinero se guarda un dinero para futuros gastos ($b).

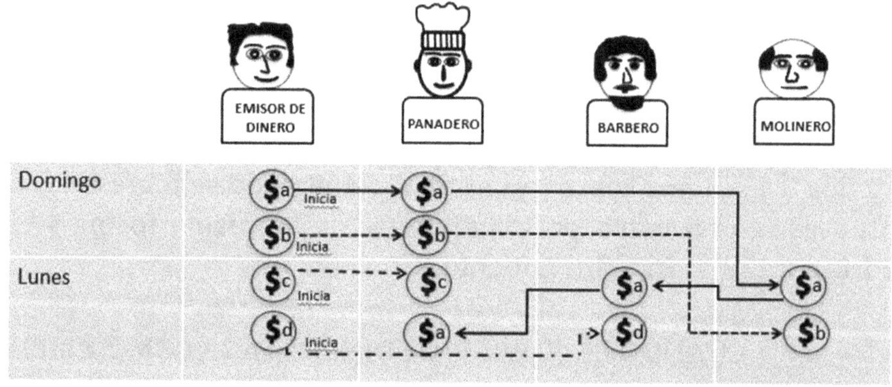

El día martes el Panadero usa uno de los dos dineros ($a) del día anterior para pagarle al Molinero. El Molinero entonces le regresará el dinero al Panadero para comprarle su pan. El Panadero ahora tendrá dos dineros para el día siguiente. El Emisor de Dinero no tiene que emitir dinero alguno.

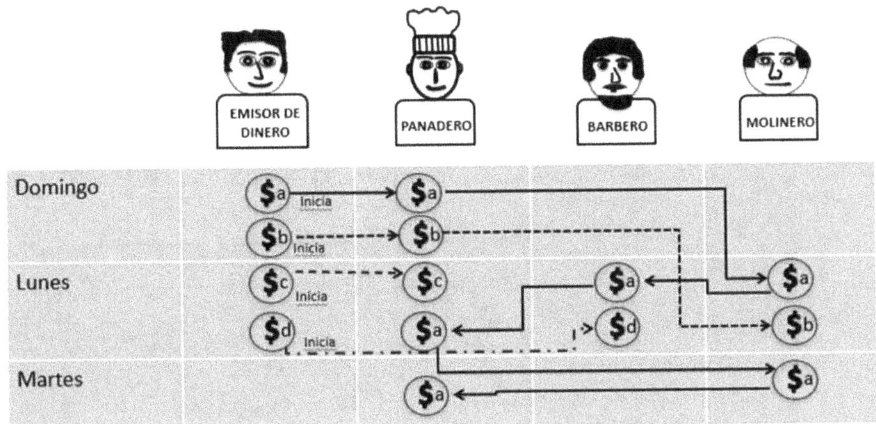

El miércoles el Panadero usaría un dinero ($a) para pagarle al Molinero. El Barbero usaría el dinero que le emitió el Emisor de Dinero ($d) para pagarle al Panadero, quien guardaría dos dineros ($c) y ($d).

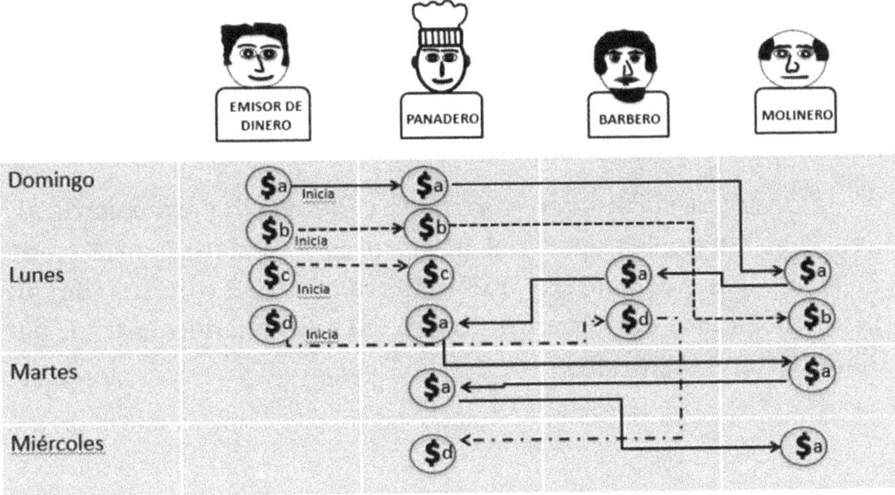

El día jueves el Panadero puede usar un dinero ($d) para pagarle al Molinero, quien se lo regresaría por su barra de pan. El Panadero todavía tendría dos dineros ($c) and ($d). El Emisor de Dinero le emite un dinero al

Barbero para su corte de pelo, quien ahora tiene un dinero ($e).

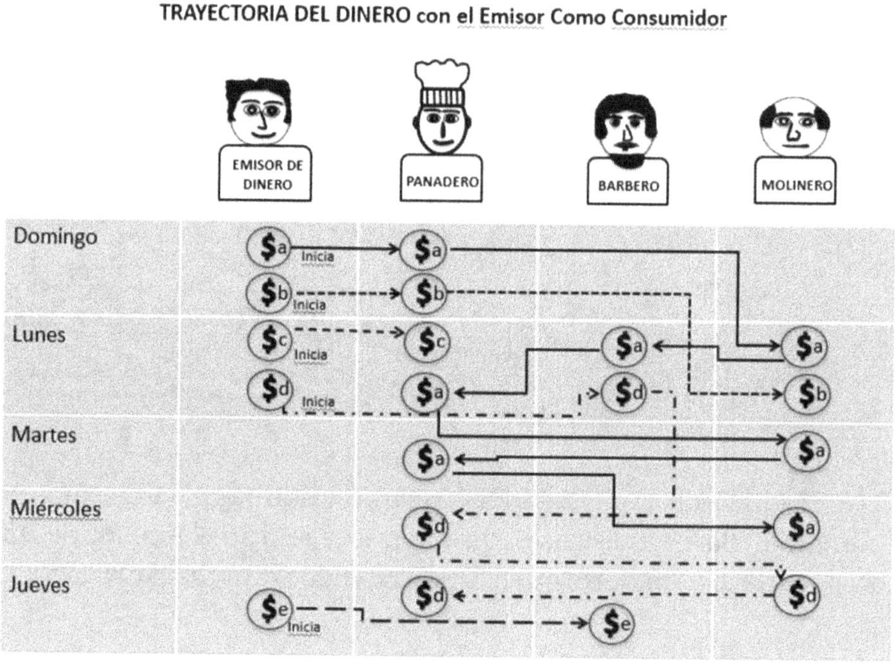

El viernes, el Panadero usaría un dinero ($d) para pagarle al Molinero, quien, a su turno, le pagaría al Barbero. El Panadero usaría su otro dinero ($c) para pagarle al Barbero, quien ahora tendrá 2 dineros ($c) and ($d). El Emisor de Dinero emitiría un dinero ($f) al Panadero por su pan, y así el Panadero tiene un dinero.

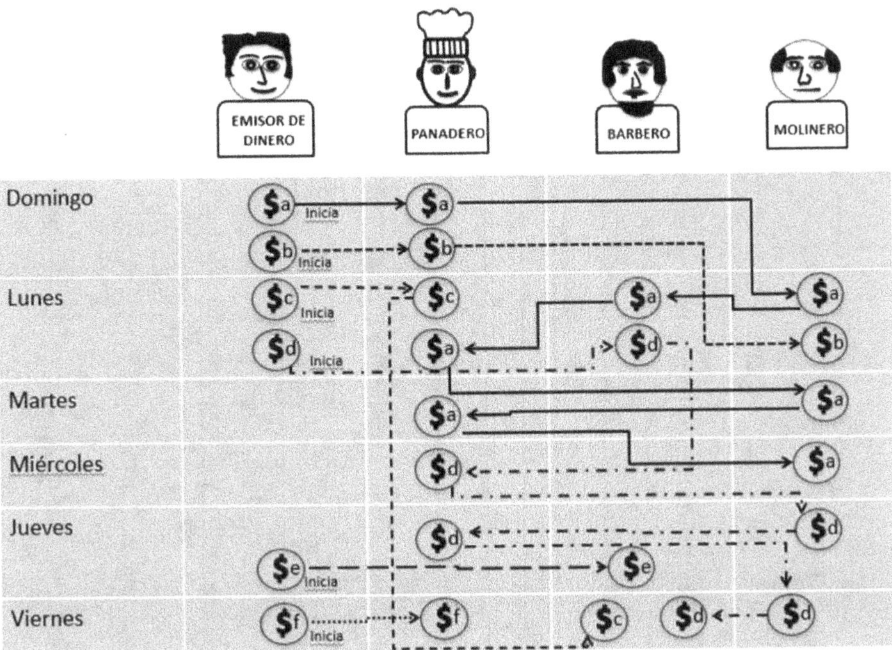

El sábado, el Panadero usaría su dinero ($f) del día anterior para pagar al Molinero y necesita otro dinero ($g) para más harina para los panes del Barbero y el Molinero. El Barbero y el Molinero pagarían, cada uno, un dinero al Panadero para sus panes, y así termina la semana con dos dineros ($c) y ($f) para empezar la semana el próximo lunes. El Emisor de Dinero emitiría un dinero al Barbero ($h) para un corte. El Barbero terminaría la semana con tres dineros ($d), ($e) and ($h), y el Molinero también con tres monedas ($b), ($a) and ($g).

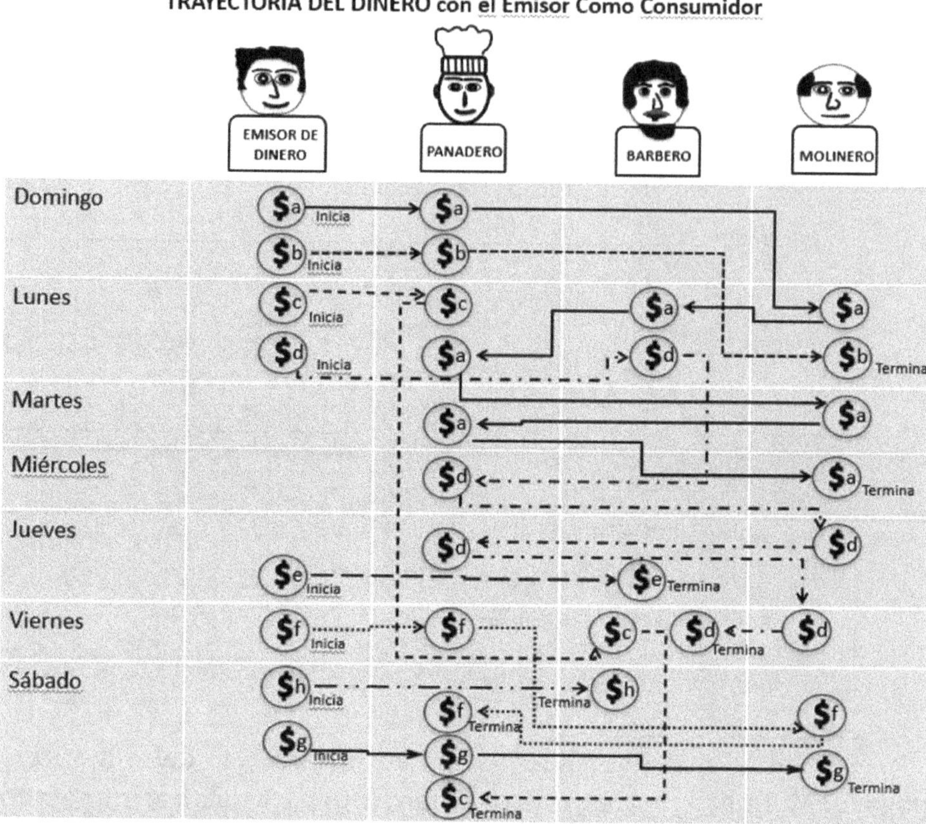

El Emisor de Dinero habría tenido que emitir 8 dineros durante la semana para facilitar las 22 transacciones que tuvieron lugar.

Durante los siguientes ciclos, que incluyen al Emisor de Dinero como consumidor, se irá teniendo una intensa acumulación de dinero extra con el Barbero y el Molinero, añadiendo tres dineros a cada uno, mientras no cambien los hábitos. Claro, que en la realidad los hábitos de las personas cambian con la edad y con los esfuerzos de mercadotecnia que buscan cambiar los hábitos de las personas para usar marcas nuevas y mejores formas de vida. Esto significa que la acumulación de dinero irá cambiando con el tiempo.

Con una contabilidad precisa, el dinero fiduciario no sería necesario y con la tecnología de comunicación, como es posible ahora con el internet, solo se necesitaría tener dinero de cuenta. La condición sería que el dinero extra al final de cada semana se tendría que eliminar para evitar la acumulación innecesaria de dinero ocioso de cuenta.

Si hubiera dos emisores de dinero o más en la villa, las cuentas tendrían que sincronizarse o habría duplicidad del dinero siendo entregado a algunas personas, llevando al caos al sistema monetario.

SISTEMA MONETARIO SOSTENIBLE

El modelo simplificado que acabamos de ver resalta algunas características que pueden llevar a tener un sistema monetario sostenible:

1. El dinero debe ser de cuenta.

No hay billetes ni monedas. Las cuentas se guardan registrando los requerimientos y ofertas de productos y servicios.

2. No se carga interés sobre el dinero emitido.

El dinero emitido no crece por sí solo, sin apegarse a los productos y servicios disponibles. Sólo crece a medida que se añaden nuevos productos y servicios. También decrece al disminuir los productos y servicios disponibles. Tan pronto se le añada un interés al dinero emitido se genera el problema de: ¿dónde va a obtenerse el dinero extra? Tendría que venir del Emisor de Dinero y entonces los precios se tendrían que ajustar en cada ciclo, creando una cantidad creciente de dinero ocioso. Esto desencadenaría una inflación creciente sin ningún efecto positivo para la población.

3. No hay diferenciación de precios en los bienes y servicios.

Todos los bienes y servicios se valúan a un dinero. Con esto simplemente se convierte en un recibo de demanda para un artículo o servicio (similar al sistema de tickets que se utiliza en algunas empresas para resolver situaciones en que se necesita la participación de especialistas). Esto evita el ciclo sin fin de inflación, que ocurre cuando hay diferenciación de precios.

Si, como sucede con el sistema actual de dinero, cada persona le pone precio a sus productos o servicios considerando sus necesidades, entonces el sistema se vuelve insostenible. El Barbero podría pedir 2 dineros por corte para cubrir sus gastos, el Panadero podría cobrar un dinero por pan y el Molinero podría cobrar 3 dineros por la harina necesaria para hacer un pan. Esto inmediatamente crea el problema de diferenciación de precios. El Panadero necesitaría pagar 3 dineros al Molinero para hacer un pan, pero también necesita 2 dineros para pagar el corte con el Barbero, con un total de gasto semanal de 23 dineros. Por lo tanto, necesitaría ponerle el precio de

23 entre 7, que es igual a 3.29 dineros. Ahora el Molinero tendrá que pagar más de los 3 dineros anteriores por un pan, y así que tendrá que aumentar su precio de la harina, y el espiral de la inflación se ha puesto en marcha.

Adicionalmente, cualquier innovación que se introdujera en la economía, los precios se tendrían que ajustar por aquellos que quisieran incluir la innovación en sus estilos de vida porque incrementaría sus costos, y esto afectaría a todos los demás quienes también tendrían que ajustar sus precios. Esto conduciría a una iteración infinita porque el primero en alzar sus precios causaría a sus consumidores elevar sus propios precios, y esto haría la ronda por toda la población. Eventualmente los incrementos regresarían a los primeros que subieron sus precios, y ahora tendrán que subir nuevamente sus precios y los siguientes en la cadena también.

4. La innovación se integra al sistema económico.

Cuando un nuevo artículo o servicio se crea, se boletina entre la población y quienes deseen probarlo, solicitan dinero al emisor. La demanda inicial se le informa al creador para que pueda proporcionar el volumen necesario. La demanda periódica se establece después de que las personas lo hayan probado y quienes desean incorporarlo a su estilo de vida renovarán su solicitud para tener el dinero necesario. El dinero nuevo ahora está disponible dentro de la economía. Si el creador tiene un exceso de demanda   sobre lo que requiere para su propio estilo de vida, el dinero ocioso se va de vuelta al emisor.

El proceso de innovación, con ensayo y error, hasta que sea funcional y bueno para los demás, requiere que el creador utilice recursos de otros, para lo cual pide el dinero al emisor hasta que la innovación se complete. Si no funciona y se abandona, los recursos fueron bien utilizados para determinar la inviabilidad de esa idea o la incapacidad del creador. Sin embargo, para minimizar la posibilidad de proyectos infructuosos o abandonados, un consejo de revisión examina la propuesta inicial y da su visto bueno.

5. No hay impuestos.

No hay necesidad de impuestos porque la economía integra las funciones públicas como parte de las operaciones de la comunidad. Las personas que toman la responsabilidad de realizar proyectos de alcance general hacen el mismo tipo de solicitudes de dinero que todos los demás para obtener sus bienes personales.

6. El comercio regional se integra al mismo sistema financiero.

El comercio entre regiones se maneja bajo el mismo sistema. Bienes que son propuestos de una región a otra se informan en los medios públicos y se estima la demanda inicial. Luego se establece como una compra periódica para quienes lo han añadido a su estilo de vida. Todas las regiones deben utilizar el mismo sistema para ser incluidos en esta economía extendida. Los emisores de dinero deben proveer del dinero necesario para que sus poblaciones obtengan los bienes de otras partes y deben retener el dinero ocioso, si se genera.

(En las sociedades de hoy estamos a punto de instituir el internet de las cosas, que será la encargada de mantener el registro de la demanda y la oferta).

7. La emisión de dinero se mantiene en equilibrio con el uso de los recursos de la naturaleza

Al mantener la emisión de dinero de acuerdo con la demanda de la población, se evita el desperdicio y se utilizan los recursos de la naturaleza de forma eficiente. Hay que hacer consideraciones adicionales desde el punto de vista de la oferta, como el ritmo de reposición del agua, el suelo y la conservación de la flora y la fauna. Pero la sobreexplotación de los recursos para obtener beneficios monetarios deja de ser un problema. Un medio de vida saludable que pueda conducir al bienestar general es la principal consideración a la hora de producir artículos y prestar servicios.

8. La motivación para dedicarse a una actividad productiva es aumentar el bienestar propio y de los demás.

El objetivo es darle a cada individuo la posibilidad de desarrollar su potencial en su totalidad, lo cual será su máxima satisfacción y su mayor sentido de vida.

9. Se reconoce a quienes hacen labores que dan satisfacción a otros con privilegios especiales por tiempo determinado.

Esto incluye vacaciones en diferentes lugares dependiendo de los gustos y preferencias de cada quien; estancias en lugares especiales de entretenimiento; y otros que se vayan creando. Es importante tratar de lograr la mayor congruencia entre los esfuerzos realizados en el proceso de autodesarrollo y el servicio a los demás, con la distribución de los diferentes privilegios que se puedan ir generando.

En resumen:

1. El dinero solo se contabiliza como notas de volumen de demanda y oferta

2. No se cobran intereses

3. No existe diferencia de precios de bienes y servicios

4. La innovación se integra en el sistema económico

5. No hay impuestos

6. El comercio regional se integra con el mismo sistema monetario

7. La emisión de dinero se mantiene en equilibrio con el uso de los recursos de la naturaleza

8. El bienestar es el principio rector de la producción y la innovación

9. Se reconocen a las personas que aportan satisfacción de calidad para los demás con ciertos privilegios

El principio fundamental bajo el cual operar un sistema monetario sostenible es que el dinero debe representar los recursos del planeta transformados en los bienes y servicios suministrados en la sociedad.

Pudiera parecer que este sistema de dinero se considere sólo una fantasía. Sin embargo, ya existe una aproximación en la realidad, está en operación y creciendo en varios estados de México. Es una emisión de dinero denominado Túmin. Conoce el Túmin, el dinero alternativo usado en México - IMCP . Otro ejemplo se encuentra en el estado de Massachusetts, en los Estados Unidos, conocido como el BerkShare Community Currency Definition (investopedia.com).

PARTE 3

Sustentabilidad: A través de la Puerta

2030

BANCA DE RECURSOS

Para tener un mundo sostenible, necesitamos diseñar la dirección que debemos tomar. El organismo social humano se ha expandido por todo el planeta en forma un tanto caótica y ahora necesita autorregularse bajo los principios de las mejores prácticas. De lo contrario, tendrá el mismo destino que un organismo parásito que se alimenta del anfitrión hasta que lo aniquila y, si no se pueden encontrar más huéspedes, muere, como los endoparasitoides.

Una vida mejor para todos los humanos en el planeta es un desafío con varias complejidades. Necesitamos tener una comprensión más completa de la interrelación entre el bienestar humano y los mundos orgánicos e inorgánicos de los que dependemos. Además, debemos entender las diferencias de bienestar que las personas buscan. No todos los humanos son iguales ni tienen las mismas necesidades. Es filosóficamente posible que todos hayamos sido creados iguales en el origen de los tiempos. Pero hemos evolucionado de diferentes maneras, dependiendo de los recursos para sobrevivir en las variadas regiones del planeta. Nos hemos adaptado conforme a las posibilidades ofrecidas en cada región, pero con el crecimiento de las poblaciones y la creciente interrelación y dependencia que se ha generado entre regiones, tenemos que enfrentarnos al complejo reto de asegurar la sobrevivencia de los humanos con las mejores prácticas locales más las mejores prácticas de interrelación globales. La dificultad es que el bienestar que hace feliz a una persona no necesariamente hace felices a otras personas. Necesitamos diseñar la coexistencia que permita que cada quien logre su felicidad junto con la felicidad de los demás.

En este punto, ha quedado muy claro que la forma en que usamos el dinero no es sostenible para la humanidad para vivir dentro de los recursos de nuestro planeta Tierra. Una pregunta válida es, ¿podemos vivir con otra forma distinta al dinero actual? Debe quedar muy claro que podemos, pero necesitamos una nueva estructura social.

Una posibilidad es quizás paradójica, ya que parecería que, sin el dinero actual, los bancos no tendrían una razón de existir. Pero, por el contrario, es necesario un sistema bancario más fuerte y completo.

El sistema bancario necesita convertirse en un sistema de recursos en lugar de un sistema monetario. Esto irá más allá de garantizar la sostenibilidad, pues podrá en gran medida resolver el problema de la pobreza y aumentará el bienestar y la felicidad de la mayor parte de la humanidad.

Sin dinero monetario, el sistema bancario se convierte en el administrador de los recursos de la Tierra.

EL SISTEMA DE LA BANCA DE RECURSOS

La estructura de un sistema bancario mundial de recursos debe estar estrechamente relacionada con la naturaleza. En su mayoría ya está en su lugar, pero aún no está articulado para funcionar como una entidad global. El inventario de productos orgánicos ya se encuentra en las bases de datos de las Naciones Unidas (FAO). Aunque todavía de una manera en su mayoría local, los Bancos de Alimentos han desarrollado la logística para llegar a los más necesitados, que se puede extender a proporcionar lo básico a toda la población humana del planeta (https://www.feedingamerica.org/hunger-in-america).

Los procedimientos de inventario de suelos han sido implementados por el Servicio de Parques Nacionales del gobierno de los Estados Unidos, que incluye las propiedades físicas, químicas y biológicas del suelo. El Servicio Geológico de los Estados Unidos tiene una evaluación mundial de los recursos minerales ubicados en todo el mundo. El Consejo Mundial de la Energía y el Instituto de la Red Mundial de Energía están llevando a cabo proyecciones y proyectos de transformación de la energía. La UNESCO tiene muchos programas en los que se persigue la sostenibilidad en la educación mundial. El Sistema de Contabilidad Ambiental y Económica de las Naciones Unidas ya está en el proceso de tener un inventario continuo en tiempo real de los recursos del planeta. La NASA ha desarrollado un servicio de monitoreo en tiempo real que puede explorar cómo está cambiando la biodiversidad y, a través de su Sistema de Datos e Información del Sistema de Observación de la Tierra, está estudiando la mejor manera de integrar las actividades humanas con el entorno planetario. Además, cada país tiene oficinas encargadas de monitorear diferentes partes de los recursos del planeta en diferentes lugares. El gobierno argentino, como la mayoría de los países de América Latina y el resto del mundo, tiene un departamento a cargo de Agricultura, Ganadería y Pesca con datos sobre la producción y disponibilidad de estos recursos. Es solo cuestión de alinearlos en una organización ejecutiva mundial.

Pensando en una forma sencilla y práctica de comenzar a articular las organizaciones actuales, podemos agruparlas en tres bancos globales principales, que interactúen entre sí, de acuerdo con la mejor manera de proteger los recursos de la Tierra. Recordando la clasificación esencial de la naturaleza del planeta, tenemos los elementos necesarios para la sustentabilidad humana en la parte orgánica y la inorgánica. A estos dos elementos necesitamos añadir un elemento propio a los humanos y que es la forma de aprovechar esos dos campos naturales a través de la organización social humana. Por lo que podemos reunir las funciones de sostenibilidad en tres grandes organizaciones:

1. El Banco Inorgánico

2. El Banco Orgánico

3. El Banco de Integración

En términos generales, las responsabilidades de cada banco podrían describirse como las siguientes:

El Banco Inorgánico

La misión de este banco es tener la información disponible para cuidar el uso y transformación de los recursos sólidos, líquidos y gaseosos del planeta.

Se encarga de tener un inventario completo en tiempo real de los recursos del planeta en agua, tierra, aire y energía. Debe realizar un seguimiento del uso humano de los recursos inorgánicos, así como de los cambios y transformaciones naturales que se producen sin intervención humana (actividad volcánica, huracanes, incendios forestales, etc.). Para ello, el banco tendría necesariamente una división en áreas, cada una a cargo de un recurso inorgánico:

- **El Banco de Agua**
- **El Banco de Tierras**
- **El Banco del Aire**
- **El Banco de Energía**
- **El Banco de Inorgánicos producidos por los Humanos**

El Banco de Agua cuenta con áreas encargadas de rastrear:

1. Agua dulce: ríos, lagos, hielo, embalses subterráneos, lluvia, nieve

2. Agua salina: océanos, mares interiores

El Banco de Tierras también tiene sus propias subdivisiones encargadas del seguimiento en tiempo real de la composición y el movimiento de:

1. Tierra sobre el agua

2. Tierra bajo el agua

El Banco del Aire tendría sus áreas a cargo de:

1. Composición de gases y partículas

2. Densidad atmosférica

3. Temperatura

4. Flujos

Con esta información podrá tener los rangos aceptables para las actividades humanas y alertar cuando se sobrepasen los límites.

El Banco de Energía se encargaría de monitorear:

1. Actividad de energía natural: Solar, Geotérmica, Eólica, Hidráulica

2. Transformación de la energía humana: granjas de paneles solares, granjas de turbinas eólicas, plantas geotérmicas, presas, turbinas de movimiento oceánico, reacciones químicas (que incluyen la quema de combustibles fósiles)

El Banco de Inorgánicos producidos por los Humanos sería responsable de monitorear el inventario de los materiales generados por la actividad humana para sus diferentes usos: plásticos, telas, tubos, combustibles, insecticidas, aceites, etc.

La organización completa del Banco Inorgánico tendrá las subdivisiones necesarias para monitorear aspectos específicos de su esfera de responsabilidad. Por ejemplo, el Banco de Agua Dulce podría tener la División Río, la División Lago, etc. Esto se escalonaría a partir de localidades individuales, áreas que agrupan localidades, regiones que agrupan áreas y finalmente visión global del planeta.

El Banco Orgánico

El Banco Orgánico se ocuparía de todo lo que es la vida en el planeta. Sus dos ramas principales podrían ser el Banco de Plantas y el Banco de Animales.

El Banco de Plantas puede tener dos grandes divisiones: Acuática y Terrestre. Estos a su vez pueden tener otras subdivisiones:

El Banco de Plantas Acuáticas tendría las comestibles, las de transformación (biomasa), las ecológicas (equilibrio decorativo y ecológico), las tóxicas (incluyendo los microorganismos).

El Banco de Plantas Terrestres también tendría las subdivisiones para consumo humano, de transformación, ecológicas y tóxicas.

Por otro lado, el **Banco de Animales** podría tener tres divisiones principales: Acuática, Terrestre y Aérea. Cada uno de ellos se subdividiría en los animales para el consumo humano y aquellos para el equilibrio ecológico.

El Banco de Integración

Este banco tendría que ver con todo lo humano. No solo mantendría un registro de la población humana, sino que también monitorearía y distribuiría el consumo de los recursos de los bancos orgánicos e inorgánicos para satisfacer las necesidades humanas y preservar los recursos del planeta.

Las principales ramas del Banco de Integración podrían ser:

Dispersión de la población: a cargo del censo mundial.

Mantenimiento básico: qué recursos se necesitan y la logística para continuar proporcionando el nivel de vida básico de la humanidad.

Innovación: la estimulación y evaluación de proyectos que proporcionarían una mejora en el estilo de vida de los humanos en todo el mundo, promoviendo mejores prácticas en todos los ambientes humanos y su diseminación por todas las regiones en que se pudieran aplicar.

Emergencias: logística y recursos requeridos

Solución de conflictos: proporcionar asesoramiento y medios para resolver las diferencias en el logro de una vida más satisfactoria para los humanos.

Estilo de vida: proporcionar los medios (especialmente la educación) para que los humanos mejoren continuamente sus habilidades para transformar los elementos del planeta en una evolución material y espiritual más cómoda y satisfactoria.

Logística: llevar a cabo la entrega de recursos a las personas que los requieran.

Las tres corrientes principales de la banca (Inorgánica, Orgánica e

Integración) tendrían que interactuar con eficiencia y eficacia para lograr el bienestar y una vida satisfactoria para la población humana. Esto requiere alentar, identificar, investigar e implementar las mejores prácticas en todas las áreas del Sistema de Banca de Recursos.

LA TRANSICIÓN A UN SISTEMA DE BANCA DE RECURSOS

Debido a la dimensión global de la transición de la sociedad monetaria insostenible que tenemos actualmente, a un sistema bancario de recursos, podríamos pensar que esto requeriría mucho tiempo. Incluso que es una transición imposible. Ciertamente es complejo. No tanto como un concepto, sino por la integración de grandes intereses. Por ejemplo, tenemos el actual Banco Mundial, cuya misión definida es reducir la pobreza en el mundo. Sin embargo, quiere implementar préstamos monetarios a países y personas que tienen menos posibilidades de poder pagarlos que los países más ricos. Y como hemos visto, monetizarlos, al final nunca los sacará por completo de la pobreza, excepto por una costra de personas privilegiadas que serán momentáneamente los principales beneficiarios. La parte buena es que el Banco Mundial ha expresado la necesidad de proteger la naturaleza como se describe en el informe "El Caso Económico de la Naturaleza" ("The Economic Case for Nature"), a pesar de que sigue considerando la naturaleza en términos monetarios.

El dinero ha hecho su trabajo durante siglos y ha ayudado a innovar y crear un mejor estilo de vida para muchos. Pero es hora de seguir adelante y resolver la polarización que ha creado en las sociedades humanas y el sistema de préstamos autodestructivo que ha llegado a su límite y ya no se puede sostener. Podemos volver a vivir como se hizo durante miles de años, pero en lugar de seres humanos primitivos que sobreviven ante los caprichos de la naturaleza, ahora podemos acoger al mundo como humanos maduros que pueden equilibrar la naturaleza de manera sostenible para los humanos y todos los demás organismos vivos del planeta.

El sistema bancario tendría que reestructurar su organización para convertirse en un sistema de recursos eficiente en el que se pueda desarrollar su potencial como administrador de los recursos del planeta. El Banco de Pagos Internacionales, el Banco Mundial, el Fondo Monetario Internacional, el Banco Interamericano de Desarrollo, los bancos centrales y los bancos locales tendrían que fusionarse en el Banco de Integración. Las industrias serían consolidadas en los Bancos Orgánicos e Inorgánicos, de acuerdo con su función de puentes entre la naturaleza y las necesidades humanas. El internet de las cosas se usará para producir y distribuir de manera más eficiente los artículos que satisfagan las necesidades humanas y contribuyan a la felicidad general de la sociedad. La dotación de personal se proporcionaría con arreglo a las directrices del Banco de Integración, dándole a las personas más libertad para permanecer o cambiarse a otras actividades en donde sus capacidades puedan ser mejor utilizadas o desarrolladas y hacerlas tener vidas más satisfactorias y felices.

La transición requerirá varias fases para que pueda completarse con la menor afectación posible. La primera fase consistiría en agrupar a las organizaciones actuales en los tres bancos esenciales. En este punto, el dinero seguirá circulando como de costumbre. La segunda fase sería capacitar a las personas en el sistema de proyectos, que sería la forma de integrar innovaciones que aumenten el bienestar de las personas y la sociedad en general. La siguiente fase sería sustituir la circulación de dinero por la contabilidad de los billetes de oferta y demanda. Junto con estas cuentas, se necesitaría implementar un sistema de insignias, o algo similar, para reconocer las contribuciones al bienestar de las personas. La fase final sería el pleno funcionamiento del Sistema de Banca de Recursos.

La propiedad privada no desaparecería, pero se volvería más dinámicamente transitoria. En lugar de depender de una transacción monetaria, dependería del tiempo que proporcione bienestar a una persona o grupo en particular. Los hogares, automóviles, equipos, edificios, ropa, pertenecerían a una persona o grupo (que comparte intereses), hasta que la persona o personas cambien por otras fuentes de bienestar. La propiedad requiere que los propietarios cuiden los recursos que los hacen felices, y se deshagan de las cosas que superan, de una manera responsable, para proporcionar bienestar a otras personas y / o evitar afectar negativamente a los demás (dejando la basura desatendida, por ejemplo, sino más bien asegurándose de que pase por los canales de reciclaje apropiados). Las mejores prácticas estarán en constante evolución, mejorando no sólo la satisfacción de los productos y servicios actuales, pero también el acceso de todas las personas a los productos y servicios de mejor calidad que se están creando. Todo esto ya sucede en las sociedades actuales, pero las actividades se ven obstaculizadas por el imperativo del dinero que no permite el flujo apropiado en todo el mundo.

Una reacción inmediata que viene a la mente es cómo lograr que las personas hagan los trabajos desagradables, serviles, monótonos, pero necesarios, de la vida actual, si no están motivados por el dinero. Hay varias formas, que dependerán de la creatividad de las personas para hacer el trabajo más agradable, tal vez proporcionando herramientas y ropa que reflejen la importancia de estos trabajos, así como ajustando la compensación por el tiempo invertido en aquellos trabajos necesarios pero menospreciados actualmente, con actividades placenteras como tratamientos de spa, viajes, u otros. La motivación se basará en mejorar la vida propia y la de los demás, no en la necesidad de acumular dinero a través de un sistema esclavista invalidante de sueldos y salarios. Más bien, sería necesario crear un nuevo sistema. Por ejemplo, un sistema de insignias que reflejen la contribución al bienestar personal y al bienestar social global. Las insignias serían digitales y proporcionarían la base para dar prioridad al acceso a las nuevas prácticas satisfactorias que se estarían implementando. También se implementarían insignias contrarias, para actividades que reduzcan el bienestar, y cancelarían las insignias positivas. Cualquiera que sea el sistema que se pueda crear, deberá tener en cuenta las acciones positivas y negativas que aumenten o disminuyan el bienestar.

Dado que el Banco de Integración es el encargado de coordinar las actividades de los tres bancos principales, es el primero que debe entrar en funcionamiento. Para ello, el sistema bancario actual necesitaría incorporarse en una sola organización que incluya todas las funciones actuales de la banca, pero con un criterio diferente: el proceso de revisión de los proyectos que requieren recursos se llevaría a cabo con aprobación dependiendo de cómo se utilizarían eficientemente los recursos, qué beneficio en satisfacción y bienestar podrían aportar a segmentos de la población y si pueden convertirse en proyectos de expansión para llegar a segmentos más grandes de la población mundial. Pero no sería necesario determinar la ganancia monetaria, ya que esto ya no será un factor limitante. La supervisión continua de los proyectos sería necesaria con métricas apropiadas para garantizar su éxito. Debe llevarse a cabo la coordinación con los demás bancos para proporcionar los suministros necesarios en materiales, equipos y talento. La publicación inicial de los proyectos estaría diseñada para atraer a las personas interesadas en participar en la realización de los proyectos. Una vez que los proyectos tuvieran éxito, sería necesaria una publicación adicional para informar a la población en general de los nuevos beneficios disponibles y establecer la demanda. El área de logística tendría entonces que garantizar la entrega o el acceso a los nuevos beneficios. Cada uno de estos procesos necesitaría contar con personal interesado y habilitado para desempeñarse en cada función.

Dado que los proyectos pueden ser infinitos en alcance, tendrían que organizarse en categorías manejables, comenzando con si los proyectos son inorgánicos, orgánicos o integradores. Luego se definirían por región y localidad. A partir de ahí, se deberían de clasificar aún más para que se pueda llamar a los especialistas pertinentes para evaluar los proyectos: química, física, ingeniería, educación, jardinería, construcción, fabricación, belleza, teatro, hogar, nutrición, salud, viajes, transporte, etc.

Las personas que estarían llevando a cabo estas funciones especializadas inicialmente serían personas que ya están capacitadas en estas operaciones y ya están trabajando en organizaciones alrededor del mundo: Banco Mundial, Naciones Unidas, NASA, Ministerios de países individuales. La alineación en los tres bancos poco les afectaría. Pero a medida que pasa el tiempo, es posible que algunas de estas personas quieran cambiar a otras posiciones para las que deberán ser entrenados, como se hace actualmente.

Las personas en todos los órdenes de la vida estarían moviéndose a realizar sus actividades de trabajo diario en un sistema de proyectos. En este sistema, cada persona podría solicitar los recursos que planean utilizar en sus proyectos, incluyendo materiales inorgánicos (básicos o transformados) y materiales orgánicos (vivos o transformados). La clave sería información eficiente en tiempo real y un sistema balanceado de asignación de recursos entre demanda y disponibilidad, como lo veremos en la siguiente parte.

PART 4

Residentes del mundo:
Una Sociedad Sostenible

VALORES SOSTENIBLES

Arreglar la parte monetaria de la vida humana en el planeta proporcionará un gran paso adelante en la sostenibilidad. Sin embargo, la otra parte de la supervivencia humana no se arreglará automáticamente: el sistema de valores de los humanos que residen en la Tierra.

Cada persona va por la vida apegada a un conjunto de valores que determinan las acciones y comportamientos de esa persona. Por ejemplo, "ser honesto" se traduce en comportamientos de ofrecer realmente lo que se tiene en un intercambio, sin engaños. Dentro de la integración de una persona pueden contenerse valores contradictorios, pero que sirven para mantener la posibilidad de sobrevivir y seguir en el camino de máximo desarrollo personal y social. Esto es porque una persona puede enfrentar amenazas y oportunidades, dependiendo de las circunstancias dinámicamente cambiantes a lo largo de su vida. Por ejemplo, uno de los valores dentro del conjunto de una persona podría ser, "La salud es lo más importante, por lo que hay que comer alimentos cocinados". Así, la persona siempre cocinará la comida hasta que las circunstancias desafíen ese valor, como en el caso de una crisis energética prolongada que deja a la persona sin medios para cocinar los alimentos. La dualidad de valores entonces produce la opción, "está bien comer alimentos crudos, esta vez". Cada valor tiene una dualidad que puede invertirse de lo bueno a lo malo, o al revés, en diferentes circunstancias.

Cuando un grupo de personas comparten en su mayoría los mismos valores, entonces se convierten en una sociedad funcional. Pero el contacto con otros grupos que no comparten los mismos valores causará casi inevitablemente conflictos. Por ejemplo, el caso cuando un grupo de personas que creen que es importante salvar a los delfines, entra en contacto con el grupo de personas que creen en el uso de redes de pesca para sacar el mayor número de peces del océano para su propia supervivencia vendiendo el pescado, y no importa si los delfines se mezclan en la captura. O el caso de la quema de bosques para cultivar más alimentos para las personas: algunos creen en salvar los bosques, los otros creen en alimentar sus mercados.

Hay valores que son contrarios a la sostenibilidad, por ejemplo, tener más que otra persona, pensando que es bueno porque expresa que soy mejor que el otro: si tengo más espacio en una casa más grande, más velocidad en un coche más rápido, más educación, más comida, más armamento, más niños, entonces soy mejor que los que tienen menos. El limitante es que todo el mundo quiere ser mejor, y por lo tanto todos tratarán de conseguir más y tratar de superar a la persona que tiene más. Esto ejerce una presión innecesaria sobre los recursos naturales, más allá de las necesidades de cada individuo. Si el valor es tener más para todos, en la medida de lo posible, dentro de los recursos disponibles, entonces se vuelve sostenible. El objetivo sería que todos los interesados pudieran tener acceso al coche más veloz, a mayor espacio de habitación, a mayor educación, etc. Esto no quiere decir que todos tendrían el coche más veloz, pero sí que tendrían acceso a los coches más veloces durante un tiempo equitativo.

Otro valor, que es primordial para algunos, se resume en la frase "el que tiene el poder tiene la razón". Esta es la justificación para el acoso. Soy más fuerte, soy más sensible, más inteligente o tengo más poder y por lo tanto se deduce que tienes que hacer lo que digo, tienes que pensar lo que pienso o sentir lo que siento. El perjuicio es que esta falta de respeto hacia la individualidad de los demás termina paralizando la iniciativa y la innovación que podrían mejorar la vida tanto para el acosador como para el acosado. Esto termina por debilitar al que tiene poder en frente de otros que tengan el valor "el poder es para ayudar a los demás a desarrollar su integridad", porque este último genera equipos más fuertes que se impondrán con sus innovaciones al equipo más débil anterior.

Otro valor que va en contra de la sostenibilidad se encuentra en la frase "el fin justifica los medios". Si el fin es ganar más dinero, entonces está bien abusar de los trabajadores, vender productos de baja calidad, crear esquemas fraudulentos, arriesgar ahorros en juegos de suerte, inflar facturas para pagos "por fuera", sobornos para obtener contratos, extorsión y muchas otras actividades que afectan negativamente, distorsionando los ciclos económicos y eventualmente rompiendo el sistema.

Un valor paradójico que también es insostenible está contenido en la frase "si no puedes tener lo que te gusta, mejor será que te guste lo que tienes". Esto conduce al conformismo, y la falla es que puedes estar en una mala situación, digamos hambriento, y si no puedes comer, entonces debes estar contento con tu hambre. Esto inhibe el esfuerzo por mejorar la situación y fomenta el valor de "quién tiene el poder tiene la razón", por el cual la persona más fuerte puede seguir siendo más fuerte y la más débil es inducida a permanecer débil, y como hemos visto, esto produce un desequilibrio en el sistema en el cual los débiles eventualmente dejan de alimentar al sistema y colapsa.

El problema para que el sistema de bancos de recursos sea sostenible es que, una vez resuelta la parte técnica, se debe considerar el sistema de valores humanos. Es muy posible que personas en diferentes posiciones en el Sistema Bancario de Recursos vayan a estar actuando bajo valores injustos, como dar prioridad de recursos a familiares o amigos en lugar de a los proyectos propuestos por otras personas que proporcionarán una mejor satisfacción a más personas; o actuar bajo prácticas discriminatorias u otras preferencias desiguales. La educación de las nuevas generaciones para que mantengan ciertos valores como predominantes puede ayudar a mantener una distribución saludable de los recursos que garantice el mayor bienestar para la mayor parte de la humanidad. Probablemente no sea realista pensar que el 100 por ciento de la población será mejor, pero al menos el planeta tendrá la oportunidad de ser más sostenible para los humanos, que bajo el sistema monetario.

Algunas pautas básicas y universales para la formación de las generaciones venideras podrían ser:

• Una vida íntegra genera bienestar

• El bienestar se puede lograr a través de proyectos de uso de recursos

• Los proyectos son infinitos en el logro de diferentes aspectos de satisfacción para los seres humanos

• Cada individuo es capaz de originar proyectos

• Los proyectos pueden ser individuales para el desarrollo y el bienestar personal, o pueden ser más amplios en el ámbito social para el bienestar de grupos de personas

• Los proyectos compiten por los recursos disponibles del planeta

• Los proyectos deben ser evaluados para asignarles una prioridad en el uso de los recursos

• Las personas deben ser capacitadas en la creación de proyectos orientados al bienestar

• El bienestar propuesto en un proyecto para algunos puede crear dificultades para otros: es necesario proporcionar orientación para que el proyecto pueda modificarse y evitar quedar atrapado en la creación de una situación no deseada.

• Los líderes de proyectos sociales de alcance a grandes porciones de población tienen la responsabilidad especial de asegurar que los participantes interesados hayan adquirido las habilidades que se necesitan para los proyectos, se comprometan en su participación con el proyecto guardando el equilibrio entre el tiempo dedicado al trabajo del proyecto y otras actividades del estilo de vida personales.

• Es importante que los líderes se desarrollen para usar el poder para obtener más bienestar social e individual y no abusar de los individuos para la gratificación de grupos especiales.

• Los proyectos viables requieren que la población sea educada ampliamente en la sostenibilidad de los mundos orgánico e inorgánico, y las consecuencias de la integración de la actividad humana en esos mundos.

• La mentalidad debe cambiar de una de búsqueda activa de la acumulación personal de bienes, a la búsqueda del disfrute de cada momento con los recursos disponibles del planeta.

El control y la asignación de recursos a los proyectos puede llegar a ser muy complejo y es un asunto para un estudio completo separado más allá del propósito de este libro.

Mientras tanto, algunas ideas iniciales a considerar son:

Un formato universal para presentar proyectos y clasificarlos según sean referentes al mundo inorgánico, el orgánico o de integración.

Los proyectos pueden adoptar dos formas básicas: una para proyectos personales como adquirir diferentes habilidades, o remodelar el hábitat personal, o viajar; y proyectos sociales, que están destinados a aumentar el bienestar de grupos grandes de personas, como puentes, museos, transporte mejorado, nuevas formas de certificar habilidades, etc.

Los proyectos pueden ser iniciados por cualquier persona, independientemente de su edad, ubicación o condición.

Los participantes en las juntas de revisión deben ser expertos en sus ramos de conocimiento y capacitados en cómo evaluar los proyectos con objetividad, recopilando la información de las diferentes áreas pertinentes de los tres bancos.

Los detalles pueden incluir: el objetivo del proyecto en cuanto a la ubicación de la empresa nueva, recursos inorgánicos y orgánicos necesarios, talento requerido, tiempo hasta la finalización, replicación a otras ubicaciones, organización y otras necesidades.

Los proyectos son infinitos y pueden ser tan simples como mantener un jardín, hasta sistemas complejos para medir las perturbaciones de magnetismo dentro del sistema solar.

Los proyectos se pueden clasificar como básicos, opcionales, necesarios e innovadores.

El Departamento de Mantenimiento Básico se encargará de los proyectos de suministro de los básicos, satisfaciendo las necesidades primarias de alimentación, salud, vestimenta y vivienda de toda la población mundial. Durante el período de transición, toda la población en el umbral de pobreza será el objetivo. Posteriormente, se buscará su integración a proyectos que aumenten su estilo de vida, incluyendo proyectos de ropa, calzado, vivienda, transporte, educación, entretenimiento y todos los demás proyectos innovadores.

Los proyectos necesarios son aquellos que están destinados a desarrollar las habilidades de los individuos para que puedan participar en diferentes proyectos que les permitirán mejorar sus estilos de vida.

Los proyectos innovadores son aquellos que proporcionan nuevos productos o servicios. Estos pueden ser para toda la población o para subgrupos específicamente dirigidos.

Los proyectos se pueden clasificar adicionalmente considerando varios aspectos:

• La necesidad (emergencia, normal, largo alcance)

• El tiempo que tardarán en implementarse

• Su complejidad en la cantidad de recursos necesarios

• El grado de bienestar que producirán

• Las posibilidades de alcanzar a la mayor parte de las personas que podrían ser felices con el proyecto.

El generador y los participantes también se clasifican por la cantidad y calidad de sus contribuciones a los proyectos. Esto les permite obtener una calificación que proporciona un peso a las horas que pasan en un proyecto. Las contribuciones que son mejores en calidad y más rápidas en el tiempo reciben una calificación más alta. Esta calificación se aplica a las horas dedicadas a un proyecto. Una variable adicional para incluir es si la persona ha hecho algo que causa infelicidad a otras personas. Esto provocará valoraciones negativas que afectarán a la valoración global de la persona. El resultado final proporciona una guía para mejorar su integración a los proyectos en los que desea participar.

La clave está en las valoraciones de bienestar - la cantidad de bienestar para uno mismo y para los demás que una persona origina. El bienestar es dinámico y puede ser momentáneo o longevo; puede ser selectivo o más general; puede ser práctico, material, relacional o espiritual. Todas estas variantes entran en el algoritmo que califica las actividades de un individuo y conduce a diferentes satisfacciones. En este sistema, toda la población mundial estará bancarizada, con tokens que le permite acceso a los recursos del planeta.

El Banco de Integración, en el Departamento de Estilo de Vida, es el que ayuda a las personas a desarrollar libremente las habilidades necesarias para producir bienestar. Una persona puede creer que será feliz desarrollando una habilidad en Arquitectura, pero luego descubrir que no puede desarrollar la habilidad espacial, lo que los hace frustrados e infelices. El Departamento de Estilo de Vida puede orientar a la persona a una habilidad que pueden dominar y ser feliz aplicándola.

El Sistema de Banca de Recursos, como cualquier otro sistema exitoso, debe replicarse de forma modular, desde la más pequeña agrupación de personas hasta las ciudades más grandes. Cada grupo requeriría tener un módulo con representantes de los tres bancos para interconectarse con los otros grupos y comunicarse sus necesidades y requerimientos para sus proyectos. Adicionalmente, habrá personas que se hagan cargo de las diferentes subdivisiones de los bancos, según las necesidades particulares de los estilos de vida de cada grupo.

Por supuesto, está en la naturaleza humana de algunas partes de la población tratar de "jugar" con el sistema y proporcionar, u obtener, privilegios inmerecidos. El sistema debería, con el tiempo, limitar este tipo de comportamiento, especialmente a través del uso de tecnologías como el internet de las cosas y blockchain. El resultado final debería ser un estilo de vida de verdadera felicidad para cada individuo, con la única limitación de evitar hacer infelices a los demás. La vida es tiempo y la sociedad debe apoyar a los individuos a lograr el uso más valioso de su tiempo como personas y para la sociedad planetaria en su totalidad.

CONCLUSIÓN

Un sistema de banca de recursos es una alternativa a la sostenibilidad para una evolución libre y naturalmente satisfactoria de los humanos en el planeta Tierra.

Ciertamente puede haber otras alternativas. Pero cuanto más tiempo dediquemos al sistema actual, menos tiempo tendremos para hacer los cambios necesarios para una sociedad humana global sostenible. Los líderes del mundo y todos nosotros necesitamos establecer el equilibrio entre las necesidades de los humanos del mundo con los otros seres orgánicos que coexisten con nosotros, y con el entorno inorgánico del planeta. Todo comienza con ideas que se pueden realizar. La idea está dada. Ahora se necesita darle cuerpo y funcionalidad.

Se puede hacer.

SUGERENCIAS PARA UNA LECTURA ADICIONAL A PROFUNDIDAD

Las cifras del hambre en el mundo – UNICEF

https://medium.com/@jeremyerdman/we-produce-enough-food-to-feed-10-billion-people-so-why-does-hunger-still-exist-8086d2657539

https://www.weforum.org/agenda/2016/07/the-world-produces-enough-food-to-feed-everyone-so-why-do-people-go-hungry

https://www.feedingamerica.org/hunger-in-america

Pobreza - Desarrollo Sostenible (un.org)

The Line, la impresionante ciudad lineal y con efecto espejo que Arabia Saudí levantará en el desierto (elespanol.com)

"Ciudades de 15 minutos": ¿qué son y cómo funcionan? – DW – 16/03/2023

Nigerians' Rejection of Their CBDC Is a Cautionary Tale for Other Countries | Cato Institute

https://earthdata.nasa.gov/learn/toolkits/biological-diversity

Biological Diversity and Ecological Forecasting | Earthdata (nasa.gov)

Human Dimensions | Earthdata (nasa.gov)

https://www.become.co/blog/a-brief-history-of-loans-business-lending-through-the-ages/

Dinero fiduciario - Qué es, definición y concepto | 2023 | Economipedia

https://www.usgs.gov/energy-and-minerals/mineral-resources-program/science/global-mineral-resource-assessments?qt-science_center_objects=0#qt-science_center_objects

http://npshistory.com/publications/soils/soils-brief-2011.pdf

https://en.unesco.org

https://www.nytimes.com/2020/06/01/business/coronaviruspoor-countries-debt.html

Are Reagan's dark days of inflation returning? (thenationalnews.com)

12 Countries with the Highest Inflation Rates in the World (yahoo.com)

https://www.ceicdata.com/en/indicator/venezuela/exchange-rate-against-usd

Money - Venezuela travel advice - GOV.UK (www.gov.uk)

http://hikersbay.com/prices/venezuela?lang=en#pricechanges

Precios de Leche y Queso – Observatorio Lácteo (observatoriolacteo.org)lhttps://www.elnacional.com/economia/publicaron-precios-actuales-leche-queso_249754/

https://www.google.com/url?sa=t&source=web&rct=j&url=https://carnegieendowment.org/publications/interactive/protest-tracker&ved=2ahUKEwijk4aqm-70AhWzQjABHTdqAHcQtwJ6BAgrEAE&usg=AOvVaw2lIJ_O-Dfmf_D5xzp_Bhiw

Quote by Henry Ford: "It is well enough that people of the nation do ..." (goodreads.com)

http://www.geni.org/globalenergy/library/renewable-energy-resources/index.shtml

https://www.worldenergy.org

http://historyworld.net/wrldhis/PlainTextHistoriesResponsive.asp?historyid=ac19

https://www.iadb.org/en/environment/natural-capital-lab

https://blogs.iadb.org/sostenibilidad/es/soluciones-basadas-en-naturaleza-puede-ayudar-a-frenar-la-crisis-climatica/

https://publications.iadb.org/en/increasing-infrastructure-resilience-with-nature-based-solutions-nbs

https://www.worldbank.org.ro/about-banks-history

Islamic Banking and Finance Definition: History and Example (investopedia.com)

A Brief History of Economics (investopedia.com)

Multiplicador monetario - Qué es, definición y concepto | 2023 | Economipedia

The Fall of the Market in the Fall of 2008 (investopedia.com)

https://www.encyclopedia.com/humanities/encyclopedias-almanacs-transcripts-and-maps/colonial-spanish-america-3

https://en.wikipedia.org/wiki/Monetary_system

https://www.oxfordbibliographies.com/view/document/obo-9780199730414/obo-9780199730414-0084.xml

https://www.northernminer.com/news/mining-history-african-mining-on-the-eve-of-the-colonial-period/1000779709/

https://www.armstrongeconomics.com/research/monetary-history-of-the-world/historical-outline-origins-of-money/money-and-the-evolution-of-banking/?
__cf_chl_jschl_tk__=pmd_ntqPiHDLkWzpezaWjUabGM0yzTg23zqB_iRuAu
CZFeI-1631584753-0-gqNtZGzNAqWjcnBszQi9

http://www.hindecapital.com/attachments/reports/full/86/original/01_08_08_Nothing_New_in_Banking.pdf

https://www.researchgate.net/publication/233148154_How_modern_banking_originated_The_London_goldsmith-bankers%27_institutionalisation_of_trust

https://www.mckinsey.com/featured-insights/long-term-capitalism/rethinking-the-future-of-american-capitalism?cid=other-eml-alt-mip-mck&hdpid=1743ede1-3650-42ce-9af1-d175fb8a24cf&hctky=2367502&hlkid=fb0e65d896434b06825b4487ebc
a02b2#

https://unsse.org/2020/08/06/implementing-the-sustainable-development-goals-what-role-for-social-and-solidarity-economy/

https://twitter.com/BancoMundial/status/1372198301378904065?cn=ZmxleGlibGVfcmVjw%3D
%3D&refsrc=email

https://www.cell.com/action/showPdf?pii=S0960-9822%2818%2930821-2

https://www.nbcnews.com/business/business-news/you-re-not-only one-who-s-had-enough-95-n1272701?
cid=eml_mrd_20210707&utm_source=Sailthru&utm_medium=email&utm_campaign=Morning%20Rundown%20July%207%2C
%202021&utm_term=Morning%20Rundown&
%243p=e_sailthru&_branch_match_id=941319572472064872

The Great Resignation: How employers drove workers to quit - BBC

Worklife

https://www.bancomundial.org/es/news/press-release/2021/07/01/protecting-nature-could-avert-global-economic-losses-of-usd2-7-trillion-per-year?cid=ECR_TT_worldbank_ES_EXT5

The Economic Case for Nature : A Global Earth-Economy Model to Assess Development Policy Pathways (worldbank.org)

About SEEA | System of Environmental Economic Accounting

What Is a Central Bank Digital Currency (CBDC)? (investopedia.com)

ll▷ Moneda de Trillón de Dólares �� - Definición Financiera (inversiopedia.com)

Islamic Finance (worldbank.org)

ABSURDOS DEL DINERO

En el sistema actual, vivimos una serie de absurdos cotidianos debido al uso del dinero, entre los cuales se pueden encontrar los siguientes.

El más grande absurdo es pasar enormes cantidades de tiempo persiguiendo dinero, haciendo cuentas de dinero, presupuestos, pagos, cobros, promociones, cuentas de gastos, monitoreo de crédito, multas monetarias; en lugar de dedicar el tiempo a ir directamente a presupuestar los recursos naturales y hacer un seguimiento con el uso y la transformación de los recursos naturales.

El mismo trabajo realizado por dos personas con el mismo resultado, se paga de manera diferente, debido al sexo, la antigüedad, el favoritismo, el racismo, el simple capricho o por su diferente capacidad negociadora.

Se cobra la misma comisión en un préstamo de 10,000 que en uno de 100,000 desproporcionadamente a la cantidad de esfuerzo para hacer el préstamo: el 10% en el primer préstamo es 1,000 y 10,000 en el préstamo más grande, diez veces más, cuando el esfuerzo involucrado para evaluar el segundo préstamo podría ser sólo el doble. Con cantidades más grandes se vuelve aún más ridículo, incluso si la tasa de interés se reduce al 1%: en 1,000,000,000, la comisión resulta en 10,000,000 lo que es una completa desproporción con respecto a los recursos necesarios para evaluar la viabilidad del préstamo.

Un empleado es contratado con un cierto salario, digamos 10,000. Se le dan aumentos de inflación del 2-4% durante 5 años y se le está pagando alrededor de 12.200. Al empleado se le ofrece otro trabajo y decide irse. El patrón reconoce que el empleado ha adquirido mucha experiencia y está haciendo un buen trabajo, por lo que ofrece retenerlo con un aumento del 10% igual a 13.400. Pero el empleado siente que no es "una oferta justa y se va. Luego, el empleador contrata a un recién llegado sin experiencia y ofrece 15,000. El recién llegado difícilmente puede hacer lo que la persona con experiencia hizo y no tarda en irse. El empleador podría haber retenido a la persona mayor con el salario ofrecido al recién llegado, pero se niega, para evitar que el empleado mayor se sienta empoderado.

Un empleado es feliz haciendo el trabajo actual. Alguien le ofrece otro trabajo con un aumento considerable en el salario monetario. El empleado decide tomarlo y se vuelve miserable en la nueva posición, pero prefiere sufrir y ganar más dinero.

La reducción de la calidad de los productos, para los consumidores finales, con el fin de reducir los costos monetarios y, por lo tanto, aumentar las ganancias monetarias. Esto deja a muchos consumidores que no reciben aumentos salariales proporcionales, fuera del mercado, y aquellos que pueden seguir pagando los precios más altos se quedan con alimentos menos saludables y productos de menor calidad, además de reducidos en cantidad (en lugar de paquetes de 100 gramos, se reducen a paquetes de 60 gramos para mantener la ganancia monetaria).

Continuar el comercio de personas en aras de ganar dinero.

Legislación que daña los recursos naturales del planeta hecha por personas corruptas en el cargo que reciben valor monetario a cambio de que aprueben las leyes que permiten la desforestación de grandes áreas o la contaminación de lagos, ríos y oceanos.

Cobrar tasas de interés más altas a personas o países con menos garantías, lo que les dificulta aún más el pago de sus préstamos.

Hacer más difícil la jubilación de empleados aumentando su edad de retiro para poder aminorar la carga monetaria de los fondos de retiro manejados por los gobiernos.

Crear empresas fantasmas para evitar pagar impuestos.

Poner límites de edad para despedir trabajadores sin tener que jubilarlos o pensionarlos.

Guardar dinero para emergencias en lugar de asegurar la disponibilidad de recursos para esas emergencias. (Sin la disponibilidad de recursos necesarios, por más dinero que se tenga guardado, no sirve para enfrentar una emergencia).

Médicos que tienen que cumplir con cuotas de cirugías en hospitales para mantener el ritmo de ganancias monetarias y entonces practican cirugías innecesarias sobre pacientes.

Muchos otros que te puedas imaginar...

EL PODER DE LA FELICIDAD

Ser feliz es uno de los objetivos más universales de los seres humanos. Sin embargo, es algo en que la realidad de las personas difiere. ¿Qué puedes responder a la pregunta, ¿eres feliz? ¿Es un simple "sí" o "no" la respuesta correcta? Una persona puede considerar el momento de la pregunta y puede responder "sí" porque está de buen humor, o puede responder "no" porque está teniendo un momento desagradable. Otra persona hará una pausa y tratará de hacer un balance de sus últimas experiencias. Si ha tenido más eventos positivos que negativos, puede responder que sí, y pensar, "mayormente feliz, sí". Otras personas simplemente se molestarán por la pregunta y pensarán "¿qué importa? las cosas tienen que hacerse, felices o no."

Sin embargo, existe un creciente consenso en los gobiernos del mundo para considerar la felicidad de sus poblaciones como una variable importante en su formulación de políticas. Bután es el iniciador del concepto felicidad nacional bruta, (http://www.gnhcentrebhutan.org/what-is-gnh/the-4-pillars-of-gnh/) y ya ha estimulado a muchos gobiernos a dedicar oficinas a medir y buscar formas de implementar estrategias de felicidad. A nivel mundial, existe el índice de Felicidad Mundial, que trata de medir cómo los países difieren en el estado de felicidad de sus sociedades (https://worldhappiness.report/ed/2021/). Luego está el Índice de Planeta Feliz (http://happyplanetindex.org) que tiene en cuenta los efectos ecológicos de la obtención de la felicidad humana. Comprender la felicidad requiere más exploración para ver si esto es importante para la sostenibilidad.

Podemos comenzar preguntando, ¿cómo se vuelve feliz o infeliz una persona? Piense en una persona en una isla remota sin otros recursos que peces para sobrevivir. La persona solo tiene un palo y las manos desnudas para capturar a los animales nadadores. La probabilidad de atrapar el pez es baja. Si, al final del día la persona no ha tenido éxito en capturar su alimento, la persona se sentirá frustrada, infeliz. El propósito de la persona de tener comida para seguir viviendo no se ha cumplido y el instinto de la persona para perpetrar su sustento se está viendo amenazado. Si, por el contrario, la persona finalmente es capaz de atrapar el pez, la sensación es de triunfo, satisfacción y felicidad porque su vida puede continuar.

A partir de este ejemplo podemos empezar a definir la felicidad. Es un punto en la línea de los sentimientos positivos, junto al punto extremo de la línea, que pertenece al Amor. Un estudio de 75 años sobre la felicidad realizado por la Universidad de Harvard, concluyó que lo que más felicidad produce es el Amor. En el ejemplo de pescado anterior, es el amor por la integridad de uno mismo lo que genera objetivos y acciones que cuando se cumplen producen felicidad. El estudio también encontró que, entre los humanos, las buenas relaciones son los mejores constructores de felicidad. (https://funnelwide.com/harvard-study-reveals-the-ingredients-to-true-happiness-today/2/?utm_source=cab&utm_medium=4159) . Uno de los cursos más populares que se imparten en la Universidad de Yale es sobre la felicidad (The Science of Well-Being by Yale University | Coursera) (Yale Professor Divulges Strategies for a Happy Life | NIH Record), que fue el resultado de una investigación nacional que mostró que una porción creciente de estudiantes estaban deprimidos, ansiosos y, por lo tanto, infelices.

El cumplimiento de un deseo o un objetivo nos mueve al punto de felicidad. La colección a lo largo del tiempo de momentos en el punto feliz produce la sensación general de una vida feliz y satisfactoria. No poder alcanzar los objetivos produce infelicidad. La persona infeliz puede reaccionar de varias maneras. 1) Estar enojado y arremeter contra el entorno con frustración, causando destrucción. 2) Volverse racional y tratar de descubrir una mejora forma de resolver el desafío. 3) Estar cansado y descansar para volver a intentarlo con el mismo método. La primera reacción airada es eminentemente insostenible. La segunda, la búsqueda racional, si al final es fructífera, puede conducir a una sostenibilidad más duradera. La tercera reacción, descansar y volver a intentarlo, es en su mayoría insostenible, dependiendo más de un afortunado cambio de circunstancias.

Los sentimientos que expresan infelicidad son frustración, irritación, molestia, depresión y, en última instancia, odio. Estos sentimientos generan acción para alejarse o superar el estímulo que los produce. Cosechar un cultivo sin protección bajo un sol abrasador produce irritación física de las manos cortadas y piel quemada que también genera infelicidad porque está atacando la integridad corporal necesaria para sobrevivir. Esto genera la necesidad de conseguir mejores equipos:

guantes, gorros, maquinaria con aire acondicionado, que lo hagan más vivible. Trabajar para un jefe que cambia continuamente los objetivos a alcanzar antes de haberlos completado, produce frustración e infelicidad, y un deseo de terminar la relación con el jefe, renunciando o evitando la interacción con el jefe tanto como sea posible. Personas que son infelices en una sociedad, porque se esfuerzan por mejorar sus condiciones, pero el liderazgo solo aumenta los obstáculos que enfrentan (impuestos más altos, leyes injustas o aplicación de las leyes injustamente a diferentes segmentos de la sociedad, persecución por raza, credo u otras características, etc.) produce emigración para terminar con la infelicidad, o si eso no es posible, revuelta. Estos estímulos negativos son insostenibles para una relación duradera.

Otro lado a considerar es que la felicidad es dinámica y depende de las circunstancias. Cuando estos cambian, la felicidad puede aumentar o disminuir. Tomemos el ejemplo de un grupo de personas que se han instalado junto a un río y disfrutan de los beneficios del agua para beber, cocinar, limpiar y refrescarse. El grupo es agradablemente feliz durante muchos años. Luego, otro grupo, río arriba, decide desviar el agua para regar sus tierras. El primer grupo pierde repentinamente su modo de vida y tiene que soportar dificultades para la mera supervivencia, cavando un pozo, si es posible. Su felicidad ha disminuido. Pueden hablar con el otro grupo y tal vez encontrar una manera de restaurar algunos de sus hábitos anteriores, construyendo un canal para llegar a ellos. Pero si las conversaciones fracasan, entonces tendrán que decidir emigrar a otro lugar, pelear entre los grupos o recurrir a un tercer grupo más poderoso que pueda hacer cumplir una decisión, con la esperanza de equilibrar la felicidad de ambos. Por otro lado, si el nuevo grupo que llega está buscando un lugar para ser más feliz que de donde vinieron y el encuentro entre los dos grupos produce una mejor manera de regar la tierra y cultivar alimentos con menos esfuerzo, entonces ambos grupos pueden ser más felices de lo que eran antes.

La infelicidad no es sostenible.

Para cambiar las acciones negativas en acciones positivas es necesario tener una gran introspección, o recurrir a un tercero que pueda guiar el cambio.

La competencia es una forma de desarrollar las mejores prácticas que producen más felicidad, y debe ser estimulada. Lo que hay que mejorar es cómo gestionar las sentimientos durante y después de una competición, tanto en el lado ganador como en el lado del competidor que no ganó. Para el ganador debería poder desarrollar una sensación de mayor satisfacción al ayudar a otros a mejorar. Los demás competidores se deberán enfocar a encontrar la manera de mejorar y estar más satisfechos en aquello en lo que compiten o cambiar a nuevas áreas de desarrollo.

El poder de la felicidad refleja la transformación sostenible del mundo inorgánico en vida, y la vida en una vida mejor.

Con mi agradecimiento especial por el continuo apoyo y ánimo de mi esposa, mi hijo y mi hija.